改變心理學

用言語注入能量，用聲音啟動改變

黃士鈞（哈克）——著

推薦序

隱藏，但隨處可見的愛的技巧

凌坤楨

我喜歡聽哈克說故事。他說的故事跟別人不一樣，更不一樣的是他說故事的方式，以及他說故事的時機。此刻，安靜的年節裡，我打開他的新書初稿，這是一本透過許多故事和訴說、相遇和陪伴、承接與打開，讓人自然的**轉化**與**改變**的書。

看著他的作品，讓我很享受。有兩個頭腦的我，一邊會自動化的展開理性分析，讚嘆著他文字裡頭暗藏著的那些高級的諮商技巧、催眠暗示和隱喻。但同時卻無法控制的被召喚出另一個情感的頭腦，跟著他的文字，掉進了一個個可愛、詩意，更帶點俏皮的小故事裡。

光是看著開篇的幾個故事就讓我品味許久。欣喜的地方在於，能看到字裡行間坦然揭露的，一個助人者是怎樣思考的？（先說結論了，應該要能看懂——因爲哈克在每個故事與談話後都做了解析還點亮了關鍵細節，但很不容易學成哈克獨有的樣子。）

書裡滿滿的是隨處可見卻很隱藏，像不經意又很有用的小小隱喻，例如在〈從高雄開車爲什麼到不了臺南？〉那一則，哈克遇到年輕人的困頓與卡住，不是擼起袖管打算好好修理一下，而是停下來，深深呼吸（讓來訪的求助者也跟著安頓下來……），然後不批判地，充滿好奇的，看到所謂的問題（每當感受到美好與激勵時，旋即從內心會跳出來給自己打叉叉的「部分」或「模式」），哈克會給出欣賞與稱讚：「哇！你這個能力是怎麼來的？」對於來訪者所謂的「不好」、「缺點」，不是要改正它，而是給出了大大的空間：你也不急著要改它呀，把它放好收好，嗯，那就放在一個比較不常用的口袋裡好了，偶爾還可以看看它，它也很重要呢。頓了一下，接著望向年輕孩子，再問：只是，另外一個比較常用的口袋，你會想放什麼新的東西呢？

而等到那個孩子也對自己有個好奇：「那我怎樣比較好？」這個主動的好奇一開口，一出聲音，就意味著轉變的空間被打開來了。有了這個空間的縫隙，像風一樣自由的哈克，就會把太陽的溫暖柔柔的照進去。專注的找到一個地方，能夠安頓的去支持他。

書中這樣的例子很多，哈克不會被吸引進問題，走向幫人修正或解除問題的努力裡，而是帶著眞心的欣賞，滿滿的祝福，還有鬆鬆的微笑，跳出問題框架，去到一個更開闊的世界，在那裡有著不同的視野，及更寬厚的心境。

繼續看下去，整本書技術層面就太密集了，而一樣的，哈克把它們很好的安放與交織在一個個可愛的故事裡。每個故事裡看似娓娓道來的字句，看似自然湧現甚至隨興而至的字句，有著許多巧心安排的詞彙，甚至是一聲哎呀喂，一個停頓深厚的呼吸，在其間散布（spreading）著許多嵌入語法與暗示（embedded suggestion），還有如翱翔老鷹般的盤旋語法，能讓人的意識安心，自然的讓位……潛意識就此被召喚出來，而能潤物細無聲般的滲透進滋養。

看這本書的時候，我會不由得浮現一個畫面，是一個帶著鬆鬆笑意的大叔，不疾不徐的站穩了馬步，輕盈舞動著太極拳，化解接踵而來的各種難解的結。這個大叔時而閉眼，陶醉在他身體的勢能與律動裡；時而看到他半眯著眼，轉向臺下觀舞的後輩及孩子說：這個動作要這樣**轉身才輕鬆喔**，這個地方要接住這個點**才好卸力唷**，這個角度要**這樣捧起來才會讓人舒服呢**。

他是眞心想要教好這些年輕後輩，滿心歡喜的分享，傳遞他這三十年來的經驗，不管是助人晤談、教學場域，或是生活中的每個用心與人相處的時刻，去看見美好，欣賞生命，以及享受自己。

我前面是不是說過了？學習者拿著這本寶典，看似應該要懂，因爲每個片段哈克都交代得太細緻了。能載於文字者盡在書上了，但這內藏的功力卻要幾十年，不只是上千場的工作坊，還包括了他所看過的山與海，種著山藥養著雞，赤足站在東海岸的大地，吹著太平洋的風。

我和哈克可以說是師出同門，各自走出不同的道路。我很高興在他書中能重溫年輕時親炙的大師們的風味，而他正活在其中。我們共同的老師之一史蒂芬．吉利根在自我關係療法《愛與生存的勇氣》一書中有個章節，說「愛是一項技巧」！那是我年輕時頗震撼卻不太理解的一節。

來說說**慈愛與溫柔**吧，在〈如果不喝酒，那……喝什麼好呢？〉那篇裡，去看到去理解那個每天都要喝很多酒的，好難戒掉的，有著困難的人。接納會想回去舊有位置的那個部分，知道就算立志要改變的人，也會碰到很大的困難。不批判，而是把他溫柔的抱著說，我們不一定要每一秒鐘都要有很明顯的進步呀，我們只要知道這裡正在有著小小的移動就好了。我們來允許自己動員所有的快樂和享受，來填滿這個暗暗的好困難的深深的空間的洞。允許自己可以有困難，給自己更多的慈愛。不催促著人家一定要往前走，不要求人們一定要進步，而是看著他的停頓，他的困難，厚厚暖暖的抱住他，沒關係啊，這樣跟他說。這時候的你，什麼讓你快樂？這時候的你能找到什麼樣的享受？而這都是可以的。

我不知道你是否和我一樣，讀哈克這樣的故事，腦海裡會自動響起聲音，這個眯著眼睛帶著寬鬆笑臉的大叔，正在對你訴說。這個會編曲作詞彈唱吉他的大叔，聲音裡有著濃濃的溫暖。這讓我想到一個哈克的學員跟我說：「每次回去哈克的課堂，就是在找回那份溫柔。」

書中記錄的就是哈克「愛的技巧」，他想幫助每一個想要改變的人，想要活出生命的人，在一個一個的故事裡，能一次一次的與自己的美好重逢。這本書放在案頭，可以讀很久。希望你和我一樣，每次翻開，都能找回並重溫對自己的溫柔。

（本文作者為催眠訓練師、心理教育工作者）

推薦序

一個老師傅的心意

方素婷

這是一本不能只是拿來讀而是要跟著實作，跟著手稿一步一步往下潛，尋到自己貼到自己的一本書。

收到哈克新書的定稿，從第一頁翻抵最後一頁歷經數天，**「不能只是拿來讀而是要跟著練」**這句話在闔上書頁後從心底響起。

閱讀過程**邊看邊想到我的父親，一個對海象的感知有如神話般的漁夫**。小時候每逢颱風來襲前，**父親總在客廳磨石子地板上攤開一張大大的經緯圖，手指隨著廣播裡的東經北緯數字在圖上滑行，再到頂樓露臺仰頭看風雲的變化**，自言自語「颱風不會來這裡」或「這個颱風會轉到……」就逕自下樓留下滿滿疑惑的我，廣播裡的氣象預報明明說颱風會進來呀。

幾次驗證，父親的判斷比氣象預報還準確，在半世紀前科技未如現在先進，可以感知海象風雲、感知鮸魚群來到附近海域，半夜離家匆匆出海下網捕撈，沒有任何紀錄他是如何感知這一切也成了我心裡對父親未解的謎團。

所有的學習與傳承，最難的是如何收授心流的感知，就像哈克書裡寫的「『似有似無』，又帶著一點美感和詩意，潛意識工作者，會說一些，但不說滿；說一些，讓聽者的內在有一條引線可以往那裡走，同時又有空間有空隙可以生長出碰觸到屬於自己的內在……」

示範手稿拆解心法微妙轉折，提示細節且不忘提醒：「帶領人或陪伴者，有沒有在有風有雨的生活裡塵世間，眞的活出一個好狀態，讓聽者打從心底信賴，甚至有想要抬頭嚮往盼望成爲，這，其實比起手稿的設計內容，甚至比起聲音的訓練，要來得核心多了。」是的，最核心的還是陪伴者在有風有雨的生活裡塵世間活出的狀態。

看哈克的文章是從他的部落格到他陸續出書，這幾年偶爾聽他幽幽說著：「這可能是最後一本書。」偏偏收到讀者的回應，他的興奮又掩蓋過寫書過程的唉嘆：「很不好寫啊……」**我最喜歡聽他說「很不好寫」了，越不好寫的越好看**。每出版一本書他都覺得是最後一本，但又是一本一本接著出版，他那每一步都戰戰兢兢的心情我看著看著，是一個帶著濃厚誠懇心意的老師傅。他沒有要藏私，他不怕大家知道哈克三十幾年的潛意識工作是怎麼累積成爲《陪伴心理學》裡的哈克阿北，或是，今天這本《改變心理學》裡細細拆解潛意識心法的哈克。

哈克說我看過他年輕時意氣風發的樣子，也看過他中年之後褪去光環的質樸模樣。對我而言，哈克一直是光環在身的人，但或許是心喜單純，中年之後返身將身上的光芒敬予土地，在都蘭山下耕耘一方天地。

我想，是這樣的心境才會在書裡寫下：「……重複的盤旋『不知道爲什麼』來到第二次第三次時，好像會帶來一種穩穩的對天地的相信和敬意。這個相信叫做：即使冬天的夜空再黑再暗，只要帶領人的內在夠安靜夠遼闊，逐漸帶來正在生長的安心感，那麼，我們終將遇見那顆明亮的星星。」

一個老師傅的心意，哈克的第十本書。

（本文作者爲諮詢專線志工、努力懂自己的人）

作者序

「不時尚，但也不過時的」改變心理學

這本書，是我生命裡好珍惜的第十本書。書裡的每一個觸發改變的心理學概念，都是工作坊裡一再嘗試尋找咀嚼感受之後，在歲月的風裡安靜落下的；書裡一個個活跳跳的故事實例，是連自己寫著讀著都會觸動微笑的生命交會。

改變心理學，提供了**四個技法**來讓陪伴者擁有引領改變的實用順手工具箱；接著呈現了**兩個心法**，描繪出人爲什麼嘴裡說要改變但卻其實動不起來的原由，以及改變所需要的元素；後頭再給出**潛意識改變地圖**，讓陪伴改變有了帶著前後順序可以學習依循的畫面。

就在書稿完成後的夜裡挺恰巧的聽到音樂人提到的一個很有意思的對於「民謠」的描寫：「不時尚，但也不過時。」我心裡想，哎呀！我著迷了三十多年的潛意識工作也是這樣吧！不時尚但也不過時然而總是好聽。

那，爲什麼可以在這麼悠久的時間之後還能夠不過時，我偷偷的猜想是因爲下頭這兩個原因的交互作用：原因一，和這本書的副標題「用言語注入能量，用聲音啓動改變」有關，潛意識工作極其重視聲音和語言的使用，隱喻故事和解夢是這樣，引導冥想更是這樣！**注入能量，換句話說就是呼喚資源**，而呼喚資源畫面，是在原本卡住的世界裡**創造心理空間**進而觸發改變的好方法。

原因二，是打從米爾頓．艾瑞克森延續至今的潛意識工作裡非常獨特的**時間落點**：「**從剛剛到等一下的未來**」，以及在這個時間區間裡專注去探尋「**本來以爲不存在**的美妙可能」。而剛剛說的**交互作用**，就是**在這個獨特的時間落點裡透過文字語言聲音來呼喚資源注入能量**。

從剛剛到等一下的未來

那，爲什麼不是「遙遠的過去」而是「剛剛」呢？「遙遠的過去」是古典催眠治療裡特別著墨的所在，而潛意識工作裡非常精采的「引導冥想、隱喻故事和解夢」，其實大多並不需要深度的催眠。陪伴時，如果能夠給出安心的放鬆狀態，常常就已經足夠支持「探尋美妙可能」的進行。而我特別喜愛鑽研這樣的時間落點，也是因爲**「剛剛」沒有那麼遙**

遠那樣沉重，而且還有一種靠近這個季節的覺知。

我有一個深愛的哲學觀——「如果只有在遙遠的過去尋找資源那真的太可惜，從現在和接下來的生活裡眞的去創造才是王道」，意思是身爲陪伴者，我們可以選擇像是教練似的，鼓勵眼前的生命此時此刻開始去提筆畫出喜愛自己模樣的一幅畫，像是我在工作坊第四天早晨帶的這個小活動：

「今天早上啊，我們來進行一個可愛小活動叫做『在現在創造喜歡』，想邀請三個夥伴上來，上來的可以邀請團體裡一個你想像會照顧你的人，你啊，會很舒服的躺著側身，然後照顧你的人會用柔軟溫暖的手輕輕撫摸順順你的背。

如果，你的人生沒有那麼幸運在小時候嬰兒的時候有人摸你的背還一邊唱歌給你聽，今天，現在，這裡，我們不怕。我們從現在到等一下的未來，來創造這個新的來到的喜歡，然後，收集起來。我們不怕以前沒有，我們今天在現在，來創造這個愛的記憶。」

那個早晨，一個原本在科學界努力的年輕學生，兩年多來沒有錯過任何一場我在北臺灣和東臺灣的工作坊，她勇敢的舉手爭取上來，然後在工作坊結束時寫下了我好觸動的文字：

〈原來現在還能創造擁有〉

我舉手之後安心的側躺著身體，那時，背景是大家一起輕輕的哼唱哈克早上帶著我們一起唱的歌（……不要急著從這裡移動到那裡 因為這裡 已經是風景……），我邀請的同學用她帶來的梔子花的精油，輕輕的順著我的背。這一刻，好溫柔、好舒服也好安心。我啊，就好像是被安撫的小孩一樣在那裡被安心的摸著背……輕輕的歌聲裡面，她呼喚著我的名字然後跟我說：「現在的你，已經是風景了喔。」

然後啊……忽然，一陣觸動從身體底層跑了出來，一句念頭也跟著浮出腦海：「沒想到媽媽離開了，還有人能這樣摸著我的背，還有人能這樣陪著我，怎麼那麼好，我怎麼那麼幸運……怎麼這裡會有幸福……」。這種安心好像在這裡跟我說：「親愛的自己，不擔心現在或是以前遇到什麼好哀的事情，我現在也能創造喜歡，未來也還會遇到的。」

那個工作坊結束之後，我掉著眼淚讀著這段眞摯的話語，心裡下了一個決心，在人生接下來老天爺給我的時間裡，如果可以，我要來多多帶領「今天來創造美好記憶」這樣順順背的小活動。

你的每一個現在，都是等一下的剛剛

這幾年，越來越懂了一句自己常常在工作坊裡有感而發的話：「只要確定知道還正在長新葉子，就不會那麼怕葉子枯了。」**沒有忘記長新葉子**，是關於此時此刻的生長和等一下即將到來的行動。因爲在此刻投入心力去愛去付出，於是，**現在生長出來的美麗，即將成爲等一下的剛剛**。這樣來到的剛剛，一天天累積成我們後來可以抵擋風雨的好資源。於是，有機會像是動畫《荒野機器人》啓發了我們的：生命，可以比本來設定好的，更多一點更明亮一些，更流動一條河更穩固一座山更寬厚一個懷抱。

所以啊，這本書可以帶著「我正在一邊讀一邊生長新葉子」的心情慢慢閱讀細細思索，一邊安心的生長眞心想要長成的模樣。

這本書怎麼讀好呢？

這本書，順著章節讀會很舒服。從前面的看板故事一二三開始讀，輕鬆的讓故事跑進心裡，不需要刻意搞懂故事轉折的細節緣由，因爲裡頭包含的概念與做法，在接下來的技法心法都有清楚的呈現。接下來，讀完心法和改變地圖之後，建議讀者再回來讀一次最前面的看板故事和技法裡頭的實例，你即將發現，這些小故事會因爲你心中有了心法地圖，眞的變得立體清晰。如果讀完整本書卻感覺意猶未盡，很鼓勵你可以閱讀哈克的第九本書《陪伴心理學》。因爲，陪伴是改變的基礎呀！

最後最後，雙手合十雙眼闔上呢喃著感謝天地的厚愛，讓我如此平凡的生命竟然可以做自己這麼喜歡的事，竟然能夠這樣傳遞很愛很愛的陪伴美感經驗，親愛的老天爺，謝謝。

技法二：「盤旋的翅膀」 094

技法三：「進去裡面調一調」 134

潛意識工作心法

精采可愛的看板故事

這本書的一開始先來三個很可愛很好看的看板故事。故事在我們的心裡，常常比概念說明要來得印象深刻，而且感覺直接可以拿來日常生活裡用。這三則故事分別是：

看板故事一：認出主角內在那大管的心流——**「三層被子的故事」**

看板故事二：真的可以不用推走這個——**「心地柔軟的小小機器人」**

看板故事三：找出烙印信念——**「從高雄開車為什麼到不了臺南？」**

這三則故事，每一篇故事都很有機會在讀著讀著的時候，心中會自動產生這樣的念頭：「哦～原來陪伴可以這樣做呀！」或是「哇～～今天晚上我就想來試試看這樣運用哈克的這個很有意思的方法！」

「**三層被子**」的故事，講的是潛意識工作怎麼真的**用在日常生活**裡頭，特別是和親近的家人朋友；「**心地柔軟的小小機器人**」講的是**當心中有一個煩惱**時，潛意識工作怎麼幫助、怎麼讓原本卡住的地方活起來；「**從高雄開車為什麼到不了臺南？**」這則故事，很像是**前輩在教導後輩**怎麼好好陪伴。

① 三層被子的故事

「哈克，潛意識工作和其他的助人工作學派，到底哪裡不一樣呢？潛意識工作特別美妙的地方到底是什麼呀!?」

這個問句，很常在工作坊的現場被問到。這本書，即將清楚的回答這個問題！先來看下頭這則很可愛的**真實故事**～

星期天早上的少女

那是一個星期天的早上，高中二年級的大女兒黃阿赧，指定爸爸（就是哈克木尊）八點要叫她起床。叫過女兒起床的人都知道，當過要求父母叫自己起床的女兒也都知道，青少女，很難叫起來的，是不是！

不管前一天晚上多麼信誓旦旦。青少女，一早眞的很難很難叫起床，特別是秋涼的星期日早上。通常，很好賴床的星期日早晨上演的橋段會是……

八點叫一下，沒醒；九點再叫一次，沒醒。
九點半再努力一次，然後終於最後放棄了彼此。
然後，十一點半，女兒醒來氣急敗壞的說：「不是叫你八點叫我起床嗎？」

……

可是啊，這個早上，一樣天涼好個秋，一樣是星期日早上，我是這樣叫女兒起來的

一如往常，八點叫第一次，當然沒醒。八點半，我走到床邊，看著熟睡的女兒，一邊

輕輕的摸摸她的頭髮，一邊眞心的柔柔的像是四十二度的礁溪溫泉似的說：「黃阿叔，難得星期天，安心的繼續睡哦～」

九點這次，很關鍵，是這個湯姆克魯斯不可能的任務關鍵的整點時刻了。好，九點零二分，我一邊在瓦斯爐煮滾昨晚的丸子湯準備自己吃早餐，一邊走到女兒的床邊，坐在她甜睡的棉被旁，我說：

「黃阿叔，把拔等一下要用一個**很～可愛的方法**讓妳起床哦～」女兒雙手緊抓暖暖的棉被，連「嗯～」一聲都沒有。

「等一下啊，把拔會幫妳**蓋一層棉被兩層棉被三層棉被**然後妳就會很舒服很順暢的起來囉～」蓋上第一層棉被、蓋上了兩層棉被、眞的蓋上三層棉被。哈哈，然後我就出發走去吃我熱騰騰的早餐了～

九點零四分，浴室裡傳來早晨刷牙洗臉的聲音～十六歲的女兒，在天涼好個秋的星期日早上，哎呀！眞的起來了！九點零八分，她走過來我的身旁，笑笑的樣子好好看喔～我微笑的看著她的臉龐說：「把拔叫妳起床的方法是不是很有效？」

她說：「什麼很有效，是很好笑！」

哈哈哈哈哈～「湯姆」克魯斯的這個朋友眞的是「哈克」～

拆解小故事裡的底層動力～預備，開始！

很好玩厚！我們接下來要來拆解底層的動力！要先知道的是，即使是哈克來拆解，依舊有一部分是猜測性的拆解。在這裡，我們先來看看潛意識工作很重視的**順勢而爲的「勢**（trend）**」**，或者說，很重視的「去抓住去看見主角**本來的心流**（flow）」。

星期天的早上，而且是才剛剛考完期中考的週末，高二的少女這個早上本來的心流，原本的**「勢」**，任何一個平凡人都猜得到當然是：睡到自然醒。只是啊，女兒可能心裡想到好多事想做，像是好久沒有快樂的彈吉他像是好久沒有好好享受早餐了，於是，前一晚有了這個指令：「指定爸爸八點要叫她起床」。

「哪一個心流比較大管？」這個時候，這個內在問句很關鍵喔！當然，**想爬起來的心流比較偏小小涓涓細流，大大管的心流和身體的自然趨勢當然是睡到自然醒**。所以，眞的非常不好叫起床。怎麼辦？熱愛潛意識工作的哈克用了一招，這招叫做「**不由自主的想到『起來』這兩個字**」。

天涼好個秋，棉被抓緊緊，暖暖的好舒服，而且剛剛才考完期中考啊，這一切，**都強力的支持著「不要起來」**。

♥哈克說明：

概念上，「不想起來、想賴床」這個念頭（本來比較大管的心流），是陪伴心法裡「前腳後腳」的後腳，前腳是想改變的動力，而後腳是拖住移動的慣性拉力。潛意識工作的做法通常會先跟隨和照顧後腳（原本的趨勢），照顧了之後，想移動的前腳才比較有機會啓動。這些背後運作的心法在p.208有詳細的解說。

只是啊，鬼點子挺多的把拔，前幾個晚上正好剛剛看完韓國燒烤五花肉紀錄片的我，五花肉，嗯，我們家裡會說是三層肉，啊～讓我順暢的直接聯想到了「三層被子」這個鬼點子！我們倒帶一下，潛意識工作有時候使用的聲音語言和身體語言是挺細緻的，在那大約只有三十秒的關鍵時刻，那關鍵的語言和動作是：

「把拔**等一下**要用一個**很可愛的方法讓妳起床哦**～」

「等一下啊，把拔會幫妳蓋一**層棉被兩層棉被三層棉被然後妳就會很舒服很順暢的起來囉**～」

蓋上第一層棉被蓋上了兩層棉被真的蓋上三層棉被（……**然後把拔就咚咚咚咚的走去**

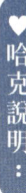

吃熱熱的早餐了）這個時候，原本緊抓暖暖的棉被的女兒的雙手，會因爲那關鍵三十秒的**沒有間斷的快速訊息輸入**，因而，來不及自動化反應，所以忽然有點愣住而**稍微鬆開**～

不要小看**稍微鬆開**這個動作！在「很想賴床很想多睡一點」這個超大管的心流中，能夠稍微鬆開，極其珍貴。因爲這是潛意識工作裡，能夠**觸發啓動後面眞正行動的點燃剎那**，像是暗暗的房間裡奇妙的點燃了一根蠟燭，亮了一個角落呢！

手鬆開了一點點，那心裡呢？心裡的念頭可能是：**「把拔剛剛說什麼要用一個可愛的方法？哪裡可愛啦～會起來嗎？……什麼三層被子？爲什麼三層被子會讓我起來？」**

如果不是用這個鬼點子，如果是正常人叫女兒起床的橋段，那會是：「黃阿赧起床囉！妳自己叫我叫妳起床的喔。已經九點了，妳不要等一下又生氣說我沒有叫妳哦！……黃阿赧！十點半了，起床囉！我有叫妳了喔，妳自己想辦法起床了。」這個時候，緊抓棉被的青少女，通常手會抓更緊，心裡的自我對話通常是：「我才不要起來。」

好～這樣拆解對照，我猜想，聰明的你已經懂了一大半了！**如何激發聽者內在的行動語言「起來～」**，**是挺關鍵的潛意識工作能力**。不是告訴主角要行動，不是說服主角要自己行動才是正確的，而是，讓主角的心中自己**忽然不由自主的「想到起來、想到行動」**。

我們回到九點零二分時，黃阿赧可能的內在聲音：

「厚～把拔不知道又在亂說什麼啦～說什麼要用一個可愛的方法？欸～哪裡可愛呢～可愛的方法讓我**起來**？哦～會眞的**起來**嗎!?」

「什麼東西～三層被子？爲什麼？爲什麼三層被子會讓我**起來**？」

「厚～好熱哦～～～～～～乾脆**起來**算了！」

天冷，身體心裡都會縮起來，一但縮起來容易卡緊緊而動不了！相反邊，三層被子帶來溫熱，身體一溫熱常常就會深呼吸吐氣散熱，這就精采了，深呼吸一啓動，身體會很自然的想到要移動。再加上一個兩個三個四個心裡重複出現的「起來」，這個內在聲音加上身體的溫熱，起來這個動作就有機會了。①

這裡，正好就是潛意識工作和其他助人工作很不一樣的地方，不是去努力地設定目標，也不是給獎勵或是施加處罰，而是帶著一份親近的情感，去啓動即將伴隨行動的新的**關鍵心流**！

小故事的後續追蹤訪問

上面這些有很多都是我猜的。來看看那天早上十一點的主角追蹤訪問～十一點左右，我和女兒已經一起在曬衣陽臺曬衣服了。我問高二的女兒：「黃阿叔，剛剛除了很好笑以外，是什麼讓妳眞的起床了？」

她：「可能是很熱吧～」

我：「哈哈哈！」

一邊曬衣服，她想了想，一邊又接著說：「嗯……我知道了！是你在八點半的時候，**摸摸我的頭，說：『黃阿叔，妳繼續睡喔～睡飽飽！』**，那個時候我就覺得我其實已經睡飽了**我要起來了**。然後，後來九點你那個蓋三層棉被那個又很熱，所以我就起來了。」②

哈哈哈～接納的愛，無敵啊～③

♥哈克說明：

①：蓋上溫暖發熱的三層被子，在潛意識工作技法上，會屬於「進去裡面調一調」裡的溫度身體感K的調整，在後面的「技法三」裡即將有很完整的講解。

②：這個動作（摸摸女兒的頭，說：「黃阿叔，妳繼續睡喔～睡飽飽！」）是很珍貴的陽光能量注入，專心的注入一份純粹的愛，爲後來的行動打了很重要的基底，能量注入這個主題在後面的「技法一」裡即將有很完整的講解。

③：跟隨我學習十年的社工讀完這篇，這樣和我說：「哈克，我特別喜歡三層被子的故事裡的『接納的愛無敵』。不知道有沒有可能請哈克多描述一點這個地方！」好，我來多說一點，「接納的愛無敵」是伴隨著眞心喜歡的接納，那是一種狀態，一種眞的沒有要改變對方什麼的安靜的存在。來講相反邊，「帶著喜歡的接納」的相反邊，會是很像「嫌惡」的那個表情。我有時候會覺得，與其被眼前的人戴著嫌惡的表情對待，我還寧願被罵。什麼意思呢？被大聲的罵，我還可以理所當然的升起高高的外牆，阻擋那份怒氣；可是，嫌惡的表情（好像說著：「你怎麼這麼糟糕……你怎麼連這個這麼簡單的事情都做不好……」），似乎更有傷害性的刺進心中，不太知道可以怎麼阻擋。所以，如果陪伴者，**能夠從嫌惡的位置，移動到遙遠的相反邊的遠方，那裡有一個世界叫做「我眞心喜歡這樣的你」**。這樣的眼光這樣的心情這樣的聲音，會創造出一種心情叫做「接納的愛無敵啊～」。關於如何能夠移動到這個好的能量位置，在這本書的改變地圖ＡＢＣＤ的Ｂ「收集喜歡」這個章節裡有清楚的描述。對了，如果正在閱讀的你覺得這樣的講解很有幫助，有機會來到哈克的工作坊現場，哈克會一字一句細細的拆解說明給你聽，很好聽喔！

② 心地柔軟的小小機器人

初冬的早晨，年輕的諮商師這樣問我：「哈克，這陣子的秋天和冬天一陣暖一陣涼，忽然間涼颼颼的，心情很容易也跟著起伏擺盪～手邊的學生個案來了又來～累積了好多好多呢！舊朋友、新個案，多到故事們都湊在一起亂亂的，還沒安頓好這個靈魂，另外一個又來了……這好像就是第一線的諮商輔導現場～只是好像，還是期待著心可以持續柔軟、不會因此**成爲機器**～想問問哈克有沒有什麼建議呢？」

呵呵，好用心工作又努力學習的年輕人呢！工作這麼忙，依然心心念念想要安頓好這個靈魂、照顧好那個孩子……很有意思的地方是，聽著的我感覺到了，上面提問中的話語「期待著心可以持續柔軟，不會因此成爲機器」，在潛意識工作的天空中，這個帶著眞摯盼望的句子裡似乎**已經藏著**呼之欲出的答案了。所以啊，我沒有假裝自己很有智慧的給年輕的諮商師一個像是前輩會給出的好答案，我把他問我的**原始話語內容拿來「使用**（utilization）」④。我這樣輕輕的回應：

♥哈克說明：

④：「使用（utilization）」這個概念，是催眠大前輩米爾頓・艾瑞克森最核心的治療理念。**utilization** 說的是：個案的行為情緒想法，不管是正向的負向的、原本是適應的或者不適應的，都有機會被當作資源拿來使用。在大前輩的著作裡有一則經典故事，是遇到精神病院裡面的一個一直舉手的個案，艾瑞克森靈機一動，給了這個個案一張磨木頭的砂紙去邊動手邊磨木塊，最後竟然讓這位個案變成一個能夠在木頭工廠穩定謀生的美妙案例，這個做法就叫做使用（utilization）。

「首先啊，**可以選擇允許自己『有些時候』是機器人**，然後也知道，有些珍貴的時刻，是人。」

「哎呀，哈克，我一聽到你這樣說，眼淚馬上就掉下來。猜想著觸動的點，是『**選擇允許**』這件事情。身為陪伴者的角色，當自己狀態不好或是時間安排得不夠妥當，第一個自動化反應總是會先責怪自己安排得不夠好，怪自己沒有好好照顧沒有給出好的陪伴品質。」

我帶著微笑欣賞的眼睛，這樣說：「因為啊……機器人也是人。有心跳的人，也是人。這兩個，都是我……」我真的很喜歡並存的概念。

「哈克，我覺得機器人是人，也有心跳～～～」年輕的孩子瞬間像是感覺到一陣舒服的風吹進原本悶悶的心中角落，並存的兩端，在明亮的眼睛裡忽然像是麵團和酵母親近的揉在一起貼在彼此的呼吸裡了。

「對啊！潛意識工作就是這麼奇妙！不知道妳有沒有發現，我剛剛**其實只是，只是在**妳問我的話語的『機器』後面加上了一個字『人』！」

「對對對，好好玩喔～心，就可以安在了。忽然想到：機器人的功能性也很高，感覺特別有趣哦～我剛剛心裡跑了一些機器人特別適合運轉的時刻：像是寫紀錄、組織個案概念化、學校社工系統聯繫、某些會談情境……」

耶！眞是聰明的孩子啊！心裡浮動的擔憂慌張一旦說出口而且又被接住了，那些原本不知道如何安放的煩惱憂愁，忽然之間有了新的資源動力進來幫忙了。好啊，來，說個可愛的「小小機器人」的隱喻故事給心地善良的你聽……

〈心地柔軟的小小機器人〉引導冥想手稿

不知道爲什麼，好像是天光越亮的時候小小機器人的眼睛眞的就感覺特別特別的清楚明白……

只知道啊，小小機器人的左手那裡，機器手臂那個轉軸，似乎需要或者好像最好來加點咕溜滑順的潤滑油了！嗯，既然決定了，既然身體心裡都點點頭說要演出小小機器人這個動作敏捷思維也敏捷的角色，那，嗯～這個左手機器手臂的轉軸，眞的很重要呢！

嘎嘎嘎嘎～嗚～眞的很緊很卡。

那，先不急著大力轉它，等一下天光好了，看看哪個角度最好滴幾滴潤滑油！嗯，哦～好，來試試看吧，嘎嘎～啊～幾滴潤滑油～溜～溜～～～進去了～嘎嘎吱吱唔唔～咻咻～咻咻～呼～～～忽然瞬間全都滑順了！！

嗯，來動來動去看看喔！來，嗯，左上～好，來，右邊～嗯，這個一定要確定，嗯，折疊，欸～太好了啊。小小機器人順暢的正式啓動上場奔馳運送支援服務了！

只是很少人知道……

小小機器人，其實，是會變身的。當天光變化的時刻，當空氣品質的指數往上升或往下降的時候，當飲水機的水溫調整成最好喝的時間，當風剛剛好涼的時候，都可以是小小機器人變身的理由。

比較有料比較好玩的是，變身成爲什麼～好呀?!嗯……「透光的小彈珠超人」；欸～「冒著熱氣甜甜滋味的燒仙草」；哦～「迷迷糊糊但可愛到不要不要的黃色小鴨鴨」；那～「心地善良又柔軟的小仙子」；也許是～「剛剛炸好剛剛撒上糖粉的胖胖甜甜圈」……一、二、三、變～～～

讓機器活起來的字

哈克溫馨小提醒：

親愛的讀者如果你聽了上面的故事很有感覺，也跑出了自己想要變身的……那你不一定要現在馬上讀下頭的後記解說喔～可以等到後來想看解說的時候，再看。

這則故事的主角，帶著一個工作上的困擾來到（需要幫助的學生很多而且不想要自己變成機器），而我，沒有給出建議也沒有詢問更多的問題脈絡，我走到另外一個世界去，我帶著眞心的喜歡、滿滿的祝福、鬆鬆的微笑，使用了主角問我的問題裡出現的關鍵字「機器」，輕輕悄悄的加了一個讓機器活起來的字「人」，剎那之間，抽象概念描述詞「機器」瞬間變成了動畫主角般的隱喻畫面「小小機器人」。

然後，跟著心裡流動的潛意識，我現場創作了一個小小的隱喻故事「心地柔軟的小小機器人」，裡頭嵌入了讓運作有機會更潤滑更順暢的美妙元素，這樣唸起來像是引導冥想的隱喻故事，一方面喚醒聽者內在的資源狀態，另一方面讓好玩的、可愛的各種其他選項得以浮現，像是找到了新的選項，特別是感覺到可行可操作的作法。

擁有順暢節奏感的小小機器人

半年之後，我這樣好奇的問年輕的諮商師：「那~心地善良的小小機器人後來如何呢？上次手臂卡卡的『喀喀喀』……我不是幫它加了潤滑，後來如何呢？」

「喔~他工作起來變得很穩定、很順暢，移動起來很絲滑，不會太快也不會太慢。」

「你會怎麼形容這個機器人現在的樣子？是走來走去嗎？還是跑來跑去，還是滑來滑去……」

「看到的是一個白色的長型空間，有一個很長的工作檯，裡頭很乾淨整潔，沒有雜物，只有機器人一個人。他很自在的照自己節奏和速度，在長長的工作檯旁邊穩定而順暢的滑動，完成一個又一個的工作。他就是滑過來又滑過去，他不是很著急的要把下一件事情做好，而是很順暢做完這件事情，再滑過去完成。」

「那個滑過去，像是直排輪、還是像滑板車，還是像超級市場的推車……」

「機器人的底部有某種滑輪控制器，平行的滑過，沒有固定軌道，也可以Z字形的滑動，可以穩定的控制速度然後滑動，滑動的時候上半部都不會晃動喔，全部都在他的掌控中。不會打結、不會急躁，順順的過。」

「挺可以被信賴的厚！在實際上你的工作時，有什麼變化嗎？」我問。

「我讓自己在一個工作可以掌握的節奏裡，也在學習工作時自己能量的分配，每天適當的工作量，穩穩的做完，不要再因爲焦慮、擔心自己的表現或逞強，太多的也不要硬要接過來做而榨乾自己。好像眞的是期許自己穩定的表現和產出，是很重要的。穩定的發揮他的功能就很好了。」

哎呀~眞好眞好！能這樣安靜的聽進心底一個小故事，然後在心中自我運轉之後找到安放自己的位置，更順暢的掌握自己的節奏，眞心的爲年輕的諮商師感到開心！

③ 從高雄開車為什麼到不了臺南？

工作坊的下課時分，年輕的學習者這樣問我：「哈克，我上次帶了一個引導冥想，是帶領跟快樂有關的經驗，聽者在過程中流了一滴眼淚，後來他跟我說他在引導冥想裡看到很多開心的畫面，但是，那些畫面後來都不開心了，他發現自己加上了腦海裡的碎碎念之後（例如：『可是這個快樂只是特例。』），對於後來找不到那些快樂畫面感到失落難過，這時候，可以怎麼去引導他呢……」

從主角的反應裡看見「那個」固定模式

我歪著頭想了想，這樣回答：

「嗯，第一件要做的事情是：**不把他的負向回饋當作是負向回饋，而是當作：這正好是看懂他『那個固定模式』的地方。因爲他，正在呈現屬於他獨特的內在模樣呢！**

這個孩子『接觸到自己的美好的那個刹那』，不知道爲什麼，似乎會自動化去『舉反例』，好像是有一個**打叉的動作**跑出來，可能是很接近自我懷疑的自動化路徑。

假設他在心裡感覺到自己正經歷的像是一個挺好看的噴泉，欸～看到之後，他會跑去打叉，『嗯，這個其實不是眞正的我』，哎呀，結果接連打三個叉，水源就關掉了；又假設他心裡像是看到一顆黃澄澄的番茄長出來了，『嗯，這是我嗎？我有可能這麼漂亮嗎？』咚咚咚，又打叉，漂亮的番茄又沒有了。這樣的打叉的動作跑出來、自我懷疑的自動路徑跑出來，如果在不同的時間裡空間裡重複的跑出來，那，這可能就是他的『那個』內在的固定模式。

這個眼光一旦產生，一方面你就不會被他告訴你的故事給卡住（要不然你可能會想：那是不是我的引導冥想沒有帶好才會這樣）；另一方面可以因爲這個視角，而更懂眼前的這個生命。」

年輕的諮商師繼續追問：「那，這個當下，可以怎麼回應他呢？」

讓曾經烙印的「限制性信念」浮上來

我的小腦袋轉呀轉，這樣回答：

「嗯，那要看你們的關係，你們的關係夠穩固嗎，那是第幾次晤談了。如果關係還不夠穩固，就可以說：『這樣喔～那，我們下次再試試看別的，看看什麼可以比較順暢的幫到你。』

如果下次，厚～結果還是很像上一次的，再來試一次，嗯，大約三次之後，挺確定有一個屬於他的模式，在不同的時間空間裡重複的跑出來了！這時候，就可以這樣回應他：『老師不知道有沒有看錯，我發現你啊，好像有一個很強的能力，當你的心裡出現正向情緒或是好的心情的時候，你會很快就能夠自我反省、自我調整，你就會調整來調整去，然後把這個正向經驗給打叉了，是這樣嗎？』」

通常，眼前的個案聽到這樣的專業心理話語，大腦小腦延腦右腦左腦一下子都轉不過來，不太會有～「噹啷！」一聲的頓悟感，所以這個時候我就會說一則小故事：

「說一則小故事給你聽，你啊，開一輛車要從高雄開到臺南，不知道爲什麼，每次開到岡山的時候你就會一直後退、一直踩剎車，**你好像怎麼永遠都過不了岡山，你人生要過的一座山就是岡山，你永遠都只能待在岡山吃羊肉，你到不了臺南吃牛肉湯**。你的人生確定要這樣嗎？會不會太可惜啊～臺南的現宰牛肉的牛肉湯很好喝耶！你踩剎車的能力怎麼會那麼強啦～」

其實，我從頭到尾都不是要去批評他**踩剎車倒退嚕**這件事，我是眞的好奇，是什麼樣的生命歷程，讓這個孩子走到這裡……接下來，我會看著他的眼睛，專心的問：**「你的這個能力怎麼來的？」**

他，可能會深呼吸一口氣，然後說：「我舅舅就是這樣，從小我就想成爲舅舅那樣子能力很強成就很高……舅舅不只一次告訴過我：**『不要待在慶祝的時刻裡，永遠要看見自己的不足。』**」

哎呀，這就是曾經的歷史信念烙印，我會慢慢的，拿起筆，寫在一張白紙上：「不要待在慶祝的時刻裡，永遠要看見自己的不足。」我會好認眞的寫、寫很慢寫了很久，但沒有要給他。

這個時候，他可能忍不住會問：「老師，這樣好嗎？」我會等待這個時刻，**等待他忍不住問我的這個時刻**，然後很專心的看著眼前卡住的生命，專心的說：「我覺得這樣眞的太可惜了！人生可以努力，也値得好好慶賀啊~只有看見自己的不足，這樣好像無法成爲一個快樂的人。我很好奇，你生命中有沒有誰，是你很欣賞他的能力、又覺得他很快樂的呢？」

這裡的轉折，就很有機會帶一個孩子，啓程走去更遼闊更快樂的天空。這個新的又欣賞又能快樂的資源找完之後，他可能會問我：「老師，那我應該要怎麼想比較好呢？」

我就會說：「那我們來改一下好了，我們來寫一張新的，來，這張以前的之前的先給你，你先收好放口袋，你哪一邊口袋比較常用？」

他說：「左邊比較常用。」

我說：「那放右邊口袋，以後這張不常用，不是不要用，你要寫一張新的來常用；舊的這張不是不用，是不常用就可以了喔！你想要繼續努力認真的崇拜舅舅也很好。」

他說：「那要寫什麼呢？」

我說：「你想想看呀~你，想要今天寫，還是下學期末再寫？」

他說：「我要今天寫。」

這時候，我會給出大大的空間，讓他自己想，他可能會想很久很久之後，想出來的是：「**偶爾慶賀，是美好的事**。」後來，這張新的信念小紙條，安放在左邊比較常用的這個口袋了。

潛意識工作裡
觸發改變的四大技法

陪伴一個人，很美好的內在狀態是安靜柔軟、溫暖和遼闊，這些狀態都是一種心境。和心境質地很不一樣但是其實和心境會連在一起的，是技法。心境像是煮湯時的溫潤湯底，而技法像是爲了即將品嘗的主角特別準備的食材還有最後配製的調味料。

引導冥想、解夢、隱喻故事，是比較多人聽過的三個潛意識工作的外在主題。而內裡，潛意識的陪伴工作有不少美妙的核心技法，哈克把三十年來的體會，寫成下頭這四大技法。

技法一：能量的注入
技法二：盤旋的翅膀
技法三：進去裡面調一調
技法四：聲音的使用

技法一「能量的注入」，說的是飽滿的力氣和陽光能量，是引發一個人眞的可以啓動改變的重要樞紐。注入的包含日常隨時補充的小能量，還有陪伴情境裡大管的能量注入，像是帶著微笑和滿足，爲自己創造生活的新可能。

技法二「盤旋的翅膀」，說的是非常文字語言的技法，在語氣和聲音之中，運用句型技巧環繞時空。在陪伴時，常常可以更深化的陪主角探尋到本來藏著沒有被聽見的內在聲音。

技法三「進去裡面調一調」，說的是陪伴者很主動的積極而靈巧的幫助主角的作法，像是視覺聽覺觸覺的微調、慢動作鏡頭重播預演，讓主角找到一份內在的彈性，更能在做選擇的時候眞的看到自己心裡的羅盤。

技法四「聲音的使用」，說的是聲音如何成爲邀請主角進入潛意識的入口引線。聲音是陪伴者能隨時調整和主控使用的最佳工具，也能適時的帶來能量的注入。

四大技法，是觸發改變時超級好用的方法。每一個技法都包括如何實際操作、運用時可以參考的小訣竅、陪伴現場可以直接使用的語詞句型，還有背後運作的心念邏輯。首先來看技法一「能量的注入」。

技法一：「能量的注入」

能量的注入，目的是要讓好能量飽滿的灌注到主角的心中。**你的內在，他的內在，一定都有很多「閒置的」美妙資源**，如果學會了方法，把這些美妙的資源拿來使用，那內在湧泉，就不是**偶爾來到的雨水**而是**穩定的灌溉水源**。一旦學會使用，就像擁有了一個有旋鈕的花灑噴頭，是可以微調選擇「噴霧」或「大管的水柱」或「涓涓細流」的。

讀到這裡，聰慧的你，可能已經感覺到，有旋鈕的花灑噴頭、微調噴霧、選擇大管的水柱，這，這裡面好像藏著「哈克式隱喻的能量注入」的獨門祕方！！對~沒有錯。你的直覺天線眞的接收到了。這個篇章，就是要來說說這個能量注入的獨門祕方。

1 找到自己的好勁道

注入能量，像是清澈的雨水來的正是時候，爽快的打通了原本淤積的河道；也像是從山谷吹來的涼風，讓正好展開的滑翔翼得以在空中享受。**注入能量**，是潛意識工作裡很美妙也很關鍵的「好勁道」。

陪伴一個人，有時候我們**只是單純聆聽著故事**，有時候卻會特別盼望著是不是能夠**走到觸發改變的可能**。當我們有機會陪伴一個人逐漸從「聆聽準備階段」往「觸發行動階段」移動時，這兩個端點和整個移動過程，都很需要注入足夠的好能量。

陽光能量的注入

在陪伴心理學裡，主要的能量工作有兩個方向：一個是「負向情緒宣洩」，另一個是

「陽光能量的注入」。哈克的自然風格，比較著重在**陽光能量的注入**。你如果看過哈克的任何一本書或是線上課程，都可能有看到聽到一半觸動落淚或是噴飯哈哈笑的經驗，這些都是陽光能量的注入。

像是哈克寫了一首可愛的歌叫做〈小母雞咕咕咕〉，然後吆喝大家一起唱，這是陽光能量的注入；說生活裡讀高中的大女兒黃阿赧把「此話怎講」聽成「吃花生醬」的真實故事然後大家哈哈笑，這也是能量的注入；做大場的和傷痛有關的陪伴示範之前，先講繪本《小貓頭鷹秀秀皮皮和比比》帶來溫暖的氛圍也是。

哈克最早學習到能量注入這個概念，那是在美國鑽研團體心理治療的那段日子，那時，在馬里蘭大學的圖書館裡，讀原文書讀到心理治療大師亞隆很認真做研究之後找出來的治療因子：「instillation of hope（**希望的注入**）」。

三十年的經驗累積之後，我發現，有些時候**把力氣從「趕走黑暗」那裡移動一點點過來「讓光進來」這裡，是挺滋養的選擇**。來看看這個小故事，故事裡，「讓光進來」正在偷偷的悄悄的發生呢！

為什麼我的眼睛閉不起來？

不只一次在工作坊的下課時間有成員走過來，帶著一絲絲的緊張和迷惘這樣問我：「哈克，我昨天在小組裡被陪伴的時候，同組的同學邀請我閉上眼睛，可是，我的眼睛不知道爲什麼閉不起來，會顫抖，很想更進去裡面一點，可是眼睛閉不起來怎麼辦？」

我啊，這樣回答：「我猜，你很想接觸自己厚，那很好啊，就從這裡開始。下一次如果你遇到讓你很信任的人可以陪你探索自己的時候，如果還是不知道眼睛可以怎麼閉起來，那可以準備眼罩來幫忙。」

年輕的成員總會這樣追問：「不知道自己爲什麼眼睛閉不起來，是潛意識還不夠流暢嗎？或者……」我聽了，帶著暖意和微笑說：

「你知道嗎，你已經翻山越嶺來到了這裡，你已經接觸自己的眼淚了，你已經可以哈哈笑了，我看你這幾天下課時分已經和大家越來越自在的一起吃飯聊天了，然後啊，就從這裡開始。

你有一雙眼睛很漂亮。眼睛還沒有準備好要閉起來，有很多的可能性。可能啊，生命還有很多好奇的事情，生命往前走還有不少需要注意的石頭、吹來的風，可能還需要睜開眼睛再多一點安全……眼睛還沒有眨眨眨，還沒有要閉起來，也有可能是因為眷戀這個世界的美好，不想錯過任何一丁點的甜甜的味道、酸酸的味道，甚至有一點點苦苦的味道，都還不想錯過，都有可能哦。」

這段話語，其實也不算是什麼智慧之語，但是充滿了帶著光亮的喜歡。這樣互動這樣回應，就把握了時機注入了陽光能量。創作歌手鄭宜農這樣說：「我不是很喜歡一直講傷痕，我通常會說，這是變成一個完整的人的過程。」哎呀，我眞喜歡這段話！當我們習慣性的關注傷痕或習慣性的關注缺憾缺乏，內在的世界容易灰灰暗暗喘不過氣來。所以，如果，**先移動一部分的力氣到陽光能量這裡**，**後來**準備了足夠的力氣，等到了一個擁有陪伴力量的時刻，然後一舉照顧了傷痕，是不是，完整的自己更有機會長出來！

上面說的「先移動一部分的力氣到陽光能量這裡」，就是哈克最愛使用的技法，陽光能量的注入。這個移動很像是一種喚醒，很類似電影動畫《腦筋急轉彎》（*inside out*）裡，從大大的塵封的長期記憶庫裡吸出一顆明亮的記憶玻璃球，它原本已經遺落在長長的時間河流裡，因為被呼喚因為想要被喚醒，所以翩然而至，回到中央控制室的顯示器裡，然後，搖桿一轉，按鈕一按，叮～～～～**關鍵資源記憶瞬間活了起來，照耀了此時此刻**。

能量注入會是在什麼樣的時空降臨呢？能量的注入主要有下頭三個路徑：

一、陪伴者**主動注入能量**（帶著微笑帶著喜歡的眼神，講個笑話、選一首歌給主角聽、運用聲音裡的獨特能量，喔～哇～欸～）

二、**呼喚、提取主角的正向資源經驗**（邀請主角閉上眼睛看到喜歡的自己、找到生活中快樂的小事情、那些付出愛的經驗、曾經或正在被愛的經驗。）

三、**團體烘托共振創造出來的好能量氛圍**（在工作坊現場：「好，現在大家一起來，我們把眼神都調整成溫暖的凝視。」）

這三個路徑，是哈克陪伴工作裡最自然的模樣，所以啊，在這本書接下來的內容解說和例子裡即將一直出現。讀完這本書，陽光能量的注入這件事，說不定也很有機會自然的成為你生命模樣的一部分呢！

2 聲音中的純粹情感

聲音，是注入能量最直接的手法，來聽聽看下頭這個哈克愛不釋手的可愛原創隱喻故事……

質樸的小山豬

秋天，在南臺灣的一場輔導研習裡遇見一個英氣勃勃的男老師，小組分享的時候他拿起團體室裡的一隻布偶小山豬，這樣說：「有一個部分的我，其實很像這隻小山豬……」。

小組的夥伴有點驚訝地看著眼前這位年輕又好看的男老師，聽著他說起一段故事：

「我是鄉下長大的孩子，上了大學以後，有一種女生不敢追，就是臺北來的女生，因為覺得自己土土的。

有一次去臺北找一個讀輔大的我喜歡的女生，然後要進入那種很大的大樓，那個門是玻璃的，會慢慢動的大旋轉門，是一次走一個人進去的那種，然後門就會跟著你的腳步移動，可是因為我那時候太土了，我根本不知道。我喜歡的那個女生走進去的時候，我就跟著她一起進去同一格裡，結果兩個人就卡住了。卡住的她，回頭看我一眼，沒有說什麼，可是我自己心裡面覺得好丟臉喔，我怎麼連這個都不知道……這是我，小山豬是我的一部分，土土的。」

哎呀，一個難受的情緒被玻璃旋轉門卡在大學時代，然後記得到如今。也是鄉下長大的我，其實體會過很類似的情緒，所以深呼吸一口氣，現場播放了白日夢遊的鋼琴曲，說了這個故事……

〈質樸的小山豬嘟嘟和小刺蝟噗噗〉

森林裡，有一隻很質樸很單純的小山豬名字叫做「嘟嘟」，深土黃色的條紋，配上淺土黃色的身體，單純到哎呀，其實也就只有一種顏色，土土的土黃色。

不知道為什麼，小山豬特別特別喜歡親近那些森林裡的植物啊小動物啊～像是飛翔的蒲公英啊，像是五月的傍晚落在地上的苦楝花，當然，大樹小草苦楝花還有五月的傍晚都知道，小山豬特別特別喜歡親近的是大草原小溪旁，那一隻很喜歡吃西瓜的小刺蝟噗噗。

小刺蝟噗噗，**很～趣味**。小山豬嘟嘟，有時候挺笨拙，但是**很質～樸很單～純**。

小山豬嘟嘟住在森林小瀑布旁的草叢邊邊，特別喜歡曬太陽，小刺蝟噗噗住在大草原靠近小溪那裡，噗噗啊，特～～別喜歡吃西瓜。草原裡其他的小刺蝟都習慣吃地瓜和馬鈴薯，但是，對吃西瓜沒有興趣。其他的小刺蝟吃地瓜的時候，都會發出嘖嘖嘖嘖的聲音，而噗噗呢，噗噗吃西瓜的時候**竟然是無聲無息的**。

有些時候，噗噗會不由自主的好像也要去跟大家一起吃地瓜好像比較好，可是，不知道為什麼，每次無聲無息的吃西瓜的時候，總覺得全世界都正在華麗絢爛的音樂裡跳起舞來。

這天早晨，小山豬嘟嘟正好很想念小刺蝟噗噗，嘟嘟用牠很短很短真的很短實在很短的腿，走了好遠的山路來找噗噗，哈哈，怎麼這麼剛好，看到小刺蝟噗噗正在專心的用牠可愛無敵的前腳趾頭，很可愛又好認真的數著西瓜很好吃的三個原因：

一，嗯……西瓜真的好漂亮啊～

二，你知道嗎！西瓜在下午三點左右的時候咬下第一口，超級好吃

三，嗯……真好吃～

一旁的小山豬嘟嘟笑著好～好真心的說：「哎唷！噗噗，你怎麼**這～麼～**可愛啦～～～」那喜歡的聲音，迴盪在森林裡，那陽光，正好灑落在小山豬嘟嘟和小刺蝟噗噗的身上，原來，有一份喜歡，就有了守候，有了守候，就擁有了整個宇宙。

故事底下的能量注入

這個故事，關鍵在於聲音中的「純粹情感」。聰明的你可能已經發現，這個故事的情節描述和轉折特別少！那是因爲想要讓聽者完整的去**飽滿的觸碰一種喜歡感受，在享受的時光裡注入陽光能量**。

本來是「土土的笨拙的」，故事裡開始感覺到了「單純的純粹的」，最後停留在「親

近舒服的」。陽光能量注入的方向是由外往內，從土土的移動到單純的，再移動到親近的；從笨拙的移動到純粹的，再移動到舒服的。

親近，是因爲彼此喜歡。一旦喜歡出來了，在空氣裡盈滿，兩個方向（你和我）就都立體而飽滿了。而且啊，**立體而飽滿的，不是想法，是情。所以，無敵**。無敵，只是爲了鑽進心底而已。

於是，單純的喜歡和純粹的情感，成爲噗噗與嘟嘟，成爲聽者與引導者。那，爲什麼飽滿立體那麼重要？是因爲，情，如果單薄，風一吹就隨風而去，除非接收者極其安靜又透光。所以，面對百分之九十的遠離安靜又不透光的人類，帶領人的角色有時候很像演唱會中的歌手似的，想盡辦法讓自己像是情感放大器似的，飽滿又立體又發光發亮的，把「能量美好的情感」像清晨的曙光像夏天的瀑布像冬天的火鍋像春天的雨似的，立體而飽滿的傳過去！

喜歡聽歌的人都知道，一首歌，最好聽在第一句，前奏一落，第一句歌詞的聲音出來，會不會抓住你的耳朵觸動了你的心，當下立判；而一個隱喻故事一段引導冥想，最美的地方卻常常在結尾，尤其是帶著美好能量和畫面空間的結尾！這個手稿的最後是：

「那喜歡的聲音，迴盪在森林裡，那陽光，正好灑落在小山豬嘟嘟和小刺蝟噗噗的身上，

原來，有一份喜歡，就有了守候，有了守候，就擁有了整個宇宙。」最後幾個字，有了守候，就擁有了整個宇宙，用了「歐韻」做結尾，守「候」和宇「宙」。這樣的韻腳，歐～喔～哦～～～在陽光下綿延著，在聽者的心裡迴盪感受著，因而，喜歡的感覺，滲透進去了。

如何知道要幫自己加什麼料？

能量的注入，和陪伴者給出的「溫度感」有很大的關聯。當主角感覺寒冷，我們可能要給出一點點溫暖，但是又不會太燙；當主角感覺到燥熱，我們可能要準備一些退火的清涼好物。

關於溫度，年輕的諮商師把握機會追問著：「哈克，我好奇這個飽滿又立體的情的傳遞，跟陪伴心理學裡說到的『光譜』、『溫度』有關嗎？它是一種天生的特質，還是後天的鍛鍊呢？」

呵呵，問得眞好！我這樣回答：「陪伴的光譜，和情感的溫度有關。以隱喻故事的核心概念thoroughness（多樣性全面性包含性）來說，光譜上就會有冰冰的，有涼涼的，有溫溫的，有暖暖的，也有燙燙的。

我自己天生偏燙，炙熱我沒有問題，可是如果只有燙，會陪不到溫溫的族群，所以後天才會需要持續學習溫溫的那邊。有意思的是，我往溫溫的哪裡走去時不是使用降溫的喔，而是把**深情炙熱**往**可愛的有趣的好玩的**方向**移動過去**。這裡的方向性，不是線性的調整，而是質地顏色味道的新選擇！」

年輕的諮商師順著問：「哈克發現熱熱的自己，怎麼知道要幫自己加哪些料、哪些質地來調和調配。像是調顏料或調醬料嗎？我很驚喜的是不用是降溫，而是**加料**來調整，會好想知道可以怎麼陪伴自己去做～」

我眼珠子轉呀轉，開心的這樣回答：

「問的好！以粵菜、川菜、上海菜、法式甜點這四種料理來說，我自己偏粵菜。我的生命不怕太香甜但特別喜愛眞實原本的味道，所以偏粵菜。粵菜啊，因爲特別堅持要呈現食材原本的香氣，因此它只會用很少量的香料，但，使用香料的種類又十分廣。這就有意思了，**香料用得少卻用得廣**（潛意識工作眞的是這樣）！意思是，博觀而約取的精選獨特的香料去提取原始本有的內在香氣味道！這是我的最愛。

我習慣在大視野之後有了精緻單純的專注，火候是我的執著，快速翻炒留住美麗動人是我的熱愛。於是，在**很清楚了自己的本質和執著熱愛之後**，就可以來看看想加點什麼。加點什麼來創造移動，其實不難。只要找到**很不一樣的**，又覺得**挺好玩的**，就是棒棒的添加選項。

剛剛有說到，我往溫溫的那裡走去時不是使用降溫的。為什麼不是使用降溫的方法呢？哈哈，因爲我不喜歡被降溫的那種無奈感。既然不喜歡被降溫的無奈感，那就離開線性的移動，用更大的視野看：『除了我自然享受的粵菜之外，哪裡，會是我有機會活得更豐富的選擇呢?!』

喔~那就是法式甜點了！這個**很不一樣的**，又覺得**挺好玩的**添加移動選項大概發生在我三十五歲的時候。我決心把深情炙熱留住，同時邀請一部分的自己往可愛的有趣的好玩的方向移動過去，我開始非常認眞投入的學習單口相聲，想把幽默感鑲嵌在語言裡，把快樂能量注入文字中。所以呀，清蒸鮮魚是我的拿手粵菜。誘人焦香的可麗露，是我的法式甜點。」

親愛的你，陪伴的世界裡，想加點什麼，會更有意思呢?!加點什麼會開闊自由或更豐盛呀~

尋找自己的陪伴風格從「找到不喜歡」開始

不知道你知不知道，上海菜系是完全不用大蒜的。用更嚴格的菜系歸類來說，上海本幫菜（上海市民的家常菜）直到上世紀七十年代是不用大蒜的。這個，有意思極了！蔥薑蒜這麼需要的做菜的配料，竟然少了蒜，這件事情非同小可！**一個人的生命，如果因爲堅持沒有什麼，其實會形塑出他非常獨特的模樣**，因爲當你少了一個什麼，而這個東西是別人都有的，你其實需要拿好多好多其他另外的特別的東西，來補足這一個對別人來說似乎是必要的東西。

所以，如果這樣來想自己的陪伴風格，什麼是你「不喜歡的」或「不喜歡用的」或「缺乏而且長不出來的」？

「嗯，我感覺一下，我好像不喜歡太甜膩的感覺。嗯，根據過去的經驗，我不喜歡太溫柔的親近感。」；「我知道，我特別不喜歡用太多的邏輯思考。」；「嗯，根據過去的挫折經驗，我很缺乏高層次同理心，其實已經努力了很多次，都還是會卡住。」；「啊！我知道，我不喜歡太辣，絲~~~嘶~~~太刺激的我受不了。」；或者是「這樣想眞有趣，我好像不喜歡太正經的問來問去，我比較喜歡帶著創意和趣味去陪伴。」

花蓮的好朋友蔣鵬老師看了上面這一段，很有感覺的跟我說：

「哈克，我很喜歡你用菜系來比喻一個人喜好的風格，譬如這段話：『一個人的生命，如果因爲堅持沒有什麼，其實會形塑出他非常獨特的模樣。』我以前沒想過這觀點，就是『堅持沒有什麼』也是美麗而獨特的源頭，而且因爲這樣反而會**開發很多自己原本有的**內在資源。

就像跟其他野生動物比起來，跑不快力氣小感官也不敏銳的人類，並不追求在身體力量上的突破，反而是努力的去發展自身優勢的智慧與文明來克服其限制而能發光發熱啊。」

哈哈，眞是太精采了！對呀，我好像也是因爲年輕的時候發現自己的意識邏輯推理的能力不夠強，所以實在是沒有辦法眞正把敘事治療學起來。於是後來的歲月裡努力的投入主要依靠直覺和身體感的潛意識工作。也很像是當年在清大電機系讀書時，大三那年挺確認了自己搞不懂電磁學的那些高級的數學算式之後，決定生命不在這裡駐足，決定走向更情感取向的諮商心理學世界。

如果這樣來想自己的陪伴風格，很自然的會從「不喜歡」或「做不到」當入口進去，然後開始找到「我特別偏好」、「其實這樣比較自然」、「做這個會很享受」的新世界。

親愛的朋友，你呢?!祝福你找到自己享受的模樣和風格。

3 如果不喝酒，那……喝什麼好呢？

年輕的社工，冬天的一早傳來訊息：「哈克，早安～心裡頭還在迴盪著之前哈克陪伴我探索心中出現的隱喻畫面，驚喜著潛意識工作的力量和深度～早上想著，當生命產生一種帶著潛意識力量的移動動能，那麼接下來生活中的許多決定好像都會和這個動能有關……而且，還會延續一陣子～～接下來我繼續想著，那要如何陪著主角產生這種潛意識動能呢！嗯，我自己想到的是鬆土鬆土再鬆土，用歌唱、小故事、創造空間感，讓大家進入一種 flow 的狀態、trance 狀態，然後帶大家看隱喻、帶領引導冥想。我一邊自己想著，也好奇哈克到底是怎麼做的呢？其實是好想問問哈克，好想知道**怎麼去帶動**那個動能～」

這裡，要先來說一點點關於「什麼是潛意識動能」。讀到這裡的你可能記得前面看板故事「心地柔軟的小小機器人」那裡，小小機器人引導冥想進到主角的心中之後，主角在實際的工作場域裡變得穩定順暢移動起來很絲滑不會太快也不會太慢。這樣的陪伴之後，主角在工作的情境中「自然而然延續故事裡那份潤滑順暢的感覺」，就是「潛意識動能」正在發生的例子。

所以啊，關於年輕的社工問的，怎麼去帶動那個動能，我先這樣回：「你猜！如果『怎麼帶動那個潛意識動能』有一個元素、一個態度，那會是……」

年輕的社工這樣猜：「我猜，一個態度是，陪伴者內在很純淨又安靜、願意敞開、願意迎接各種可能性。一個元素是，陪伴者給予的世界夠遼闊，所以主角有機會不再困在**原本的選項限制**裡，於是在安心自然的狀態裡，主角會想要往前走去探索。」

從原本的選項限制，移動到打開可能性

呵呵，回答得眞好。我繼續拓展這個主題：

「你剛剛說『不再困在**原本的選項限制**』，說的眞好！『原本的選項限制』的相反邊，正好就是**打開可能性**。陪伴者處在一個**願意敞開**、迎接**各種可能性**的安靜狀態，這個眞的是**潛意識工作的前提**。很像一首好聽的歌的前奏一落，弦音在呼吸裡像是漣漪般的在空氣裡舞蹈，而聽者，在歌詞第一句唱出來之前，其實已經準備要進入這首歌的遼闊世界

裡了。

這裡，有個關鍵字：打開『**各種可能性**』。我們來來看看『**其他**』可能性，這很像是一帖藥方，一帖**本來以爲沒有納入可能性**的神奇藥方，也可以理解成『兩難取其一』的人生正常困境裡，**忽然發現認出打開**了的『第三個選項』。」

年輕的社工：「對對對～～～～我著迷於潛意識工作也就是因爲**選項總是超越意識的局限**。這裡說的其他可能性，很像哈克之前說的打開疆界。」

「呵呵，是啊。身邊有些朋友人生遇到生涯茫然或是關係卡關時，勇敢的選擇了第三個選項，像是決定一個人去清邁自助旅行，或是決定留職停薪給自己半年的時間再一次探索自己，那眞的是很美的打開疆界，也是眞心的迎接其他可能性。

只是，說起來簡單，做起來超難。爲什麼做起來這麼難呢？那是因爲：『會困住，就是因爲看不到其他可能呀！』那，爲什麼高品質的陪伴，能夠有機會看見並且**忽然發現認出打開**呢？這裡就很有意思囉～那是因爲，第三個選項，其他的可能，常常**在能量注入之後來到**。」

在各種可能性裡提取資源經驗

能量的注入，常常伴隨趣味、彈性，還有「各種可能性」，或者「其他可能性」。困住的生命場景、淤塞的河道、乾枯裂開的土地，常常是因爲意識已經黔驢技窮無計可施了（所以也想不出什麼好的可能性了）。

「找出可能性」這件事，在潛意識工作裡主要應用在兩個技法中，一個是這裡聚焦的能量注入（重點在於給出好玩趣味的心情或溫暖柔軟或帶著力量的感受）；另一個技法是下一個篇章要來呈現的技法二「盤旋的翅膀」（重點在於選項的多元性）。先來看下頭這個故事，看完之後，你就會有「哦~原來是這樣注入能量啊！」的一種帶著身體感的懂了的感覺。

五百c.c.的威士忌

那是一個好朋友一起吃火鍋的晚上，一個可愛的朋友分享他陪伴有酒癮的親人的故事，他陪伴時給出了很有品質的聆聽，同時也帶著眞摯的愛去支持，這樣經過一段時間之後，很開心的在電話中知道這位有酒癮的親人已經從本來每天需要喝「500c.c.的威士忌」最近開始改成喝「500c.c.的啤酒」來減量酒精了！

哇～～～這下子精采了。改變已經啓動了呢，這是大好消息，要來好好把握。因爲，改變啓動之後，最希望看到的是「持續」。相信你我都有這樣的經驗，那些好不容易開始的健康計畫運動計畫，一不小心就有八成九成都沒有能夠持續。

關於持續，不管是在引導冥想裡還是催眠治療中，都要先來掌握一個祕訣，那是關於位移之所以能順暢持續發生的祕訣，那就是：給出**促發改變移動**的一階一階的**階梯**。

階梯太陡、步伐太多，會很容易跌倒。於是潛意識工作的目標，常常會設定在「長時間會有療效」，而「短時間不用太執著馬上有療效」的階梯設計，因爲生命重要的改變移動常常都是緩慢漸進的。從6變成5或是從10變成9，**這個**6－5＝1**的**1，**這一點點的階梯位移變化是重要的**。

那接下來就好玩了，如果今天喝500c.c.的啤酒，明天隔一天，變成喝450c.c.的啤酒，慢慢降，這樣的階梯式調降，概念上其實是對的，古典的行爲療法通常眞的會這樣認眞執行呢。只是……這種純粹數量上的階梯降法，對很多正常人來說，眞的會有點偏無聊乏味的感受。所以啊，潛意識工作者，在這個時刻，可以往**有意思**和**有趣**那裡多走一步路，在心裡這樣想像：**「除了喝酒以外，還可以喝什麼呢？」**

打造有趣的階梯

當你的心裡出現類似這樣的「除了……之外，還可以……呢？」的問句，就會有辦法在後來的引導冥想裡去帶領，帶主角往新的方向走去。

對啊……嗯，人，除了可以喝酒以外，還可以喝什麼？這裡，概念上超級好操作，你只要這樣想這樣問自己：**「喝　後面可以加什麼？」**（像是國小練習**造詞造句**似的，把喝當動詞，然後想受詞～）

「喝可樂」～非常棒。我們開始讓食物飲料進來陪伴呢！找到這個新選項，後面的引導冥想就可以把**位移階梯設計成**：**如果昨天喝500c.c.的啤酒，那今天來變成喝450c.c.的啤酒加上50c.c.的可樂！**

來，繼續這樣想：**「喝　後面可以加什麼？」**

「喝果汁」～非常好。果汁前面如果**加上「現打」**，厚！那吸引力就登～登登～～往上走了！要記得，檔次差別就在這個好玩的細節裡，**喝現打果汁**，真的會讓人想多喝一點又健康又美味的，那，如果喝超過50c.c.的現打果汁，可以嗎?!當然可以。喝500c.c.都可以，很滿足吧！

來，繼續這樣想：**「喝 後面可以加什麼?」**~嗯，「喝珍珠奶茶」~非常棒。這也會帶來快樂耶！而且如果加了大粉圓小珍珠或是芋圓粉條什麼的，還有很幸福的加料飽足感呢！

喔~還可以「喝咖啡」、「喝冰涼汽水」；哦~也可以「喝蜂蜜蘆薈」、「喝冷泡鹿野紅烏龍」。那……「喝西北風」可以嗎?!哈哈，如果你遇到很可愛的人，眞的可以在引導冥想裡加進「嗯，要不要喝……喝西北風~」，你還可以自己講自己笑，演短劇演喜劇時，眞心笑場是很可愛的！

再來！喝什麼好呢？「喝養樂多」，哇！這個超級棒的！喝珍珠奶茶、喝可樂、喝養樂多，這樣會不會太甜啊……那，來「喝燒酒雞」好了，來一碗熱騰騰的燒酒雞，湯品類也要出。嗯，這個，就要小心了。爲什麼呢!?因爲燒酒雞裡面有酒。這麼一來，酒精的漸漸調降會出現模糊不清的感覺，所以，燒酒雞，春酒聚餐時來享受就好了，就先不放這裡好了。

像是亂槍打鳥的順勢跟隨各種需求

這些卯起來想的選項（包括珍珠奶茶、可樂、養樂多、現打果汁……），很像是「亂槍打鳥」的給出選項，像是散彈槍的子彈表面上似乎沒有精確瞄準，其實是挺集中的在某一個範圍內射擊出去，一個語詞又一個問句又一個描述，這樣給出的多種選項，很像是散彈槍，因爲子彈集中在某個時空然後一窩蜂地飛出去，總是會打到一兩隻鳥。

所以**其實不是亂打**喔，是**很用心的揣測**、**想像**、**感覺**哪些選項可能會被收到心裡，然後，**轟**～集中火力一瞬間打出去！然後啊，祈禱著也衷心盼望著，其中有一個兩個或三個，打中了進入了那顆心，那眞的**好需要幫忙**一**起想出路的**眼前的生命。

因爲投入了心力，一起幫忙想到這些新的可能性選項，忽然之間，土地開闊了，天空的氣流轉動流動了，能量啊，自自然然的就溜進了心中，而行動和改變，變得更可以靠近，更能立體想像和眞的著手了。有了那麼多好素材之後，接下來，聽聽這段新鮮上架的手稿，看看改變的動能，如何能**帶著滿滿的善意**藏在引導冥想手稿中。來～聽聽看。

〈喝什麼好～呢〉

今天啊，不知道～喝什麼好呢，喔～那天喝威士忌，那天好像已經是很～久以前的曾經了，好哇，今天來喝500c.c.的啤酒，那，明天呢!?明天我們來喝450c.c.的啤酒，那剩下的50c.c.要喝什麼呢？

哦～～聽說，可以喝咖啡，可以喝可樂，可以喝**現打果汁**，喔～現打果汁感覺很新鮮可口呢，嗯，也可以喝珍珠奶茶，還可以加料哦，加粉圓、粉條、QQ芋圓，嗯，也可以喝冰涼汽水，可以喝什錦茶，可以喝西北風，哈哈，也可以喝蜂蜜蘆薈，對了，還可以喝**養樂多**，瓶子上有寫Yakult的養樂多，那你，要喝什麼補足那50c.c.好呢？喔～～好啊，來喝這個。

那後天呢？後天，變成了400c.c.的啤酒，那我不就多出100c.c.可以喝別的了！喝什麼別的呢？喝羊肉爐，好嗎？喝玉米濃湯，好嗎？要喝康寶的嗎……康寶上面有寫康跟寶，有嗎？那個好像沒有很重要，哈哈，好哇，那喝什麼好呢。400c.c.的啤酒那要不要配50c.c.的現打果汁然後再配一碗50c.c.的清燉羊肉湯…啊！那太有趣了～

那還有什麼可以喝呢？你可以在心裡面想到自己最喜歡喝的！說不定可以喝

烏龍茶，嗯！喝很好喝很好喝的鹿野紅烏龍，要不要加糖？可以啊，也可以加蜂蜜喔。400c.c.的啤酒，加50c.c.的~~再加50c.c.的~~接下來接下來的日子會很忙又很有趣耶，因為後天就變成350c.c.的啤酒囉，那就騰出150c.c.可以喝別的呢！那~接下來~就更好玩了。

不知道你知不知道，養樂多是設計好讓你喝一瓶剛剛好的嗎？那要不要喝3瓶養樂多，有人比較不贊成，因為養樂多公司有說，大家都問養樂多公司要不要出更大瓶的養樂多，養樂多公司有說，因為生菌量一小瓶剛好就是一個人一天裡面需要的。很好玩的是，知道這樣，也可以 **知道 就好**。知識，有時候真的可以知道就好，而**快樂和滿足**，可以**真的在行動裡一天一天真的擁有**。像我啊，每次去7-11都要買一排五瓶裝的養樂多，因為我喝1瓶覺得不過癮，喝3瓶的養樂多比較有快樂滿足感。

你知道嗎，你已經好努力好用心地從500變300了，從500變300是最難最難的一段，再下去就簡單了，為什麼簡單，你試試看你就知道，500到300最難，所以啊~一天一天，一天又一天，你依然喝足了，同時，扎扎實實的靠自己，同時，你的生命也越來有了越多的空間，放進 **對你 生命 適合的** 東西。

太極拳心法這樣說：不要走「捷徑」，而是要「接勁」。怎麼「接勁」呢？關鍵心法是：**不丟不頂，捨己從人**。不丟，說的是不躲開不斷裂；不頂，說的是不去頂開不去對撞；捨己從人，說的是捨去那個「正在對抗對方的自己」，於是可以安靜的遼闊的順勢跟隨眼前的人。

剛剛的500c.c.逐漸移動到300c.c.，變化到有一天剩下的50c.c.，甚至0c.c.的酒精，正好就是精采絕倫的**接勁**。帶著善意也帶著陪伴的手法，去接住主角心裡**原本的填滿需求**，不丟不頂，不躲開不斷裂，不去頂開也不去對撞。很有心意的填上那珍貴的第一個50c.c.（接住內在有一個空洞想要填滿的需要），又一個50c.c.，再一個50c.c.，直到更美妙的改變位移終於來到。

④ 那五十c.c.裡藏著的祕密

用嵌入手法，引導冥想裡的黑潮力量

好學的諮商所研究生很認眞的研究了上一篇裡的「喝什麼好～呢」，那一份用心想學會的心在冬天的風裡特別燦爛，眞的是一早就來提問了：「哈克，早安～手稿裡的『知道就好』這個是想說什麼？」

哦～一開口就問到了整個引導冥想手稿最關鍵的核心祕密了！來，我們倒帶一下，這裡的「知道就好」指的是手稿裡的這一段：

不知道你知不知道，養樂多是設計好……，養樂多公司有說，因為生菌量一小瓶剛好就是一個人一天裡面需要的。很好玩的是，知道這樣，也可以**知道 就好**。知識，有時候真的可以知道就好，而**快樂和滿足**，可以**真的在行動裡一天一天真的擁有**。

「是什麼讓你好奇呢？」我充滿興味的問。

「因爲我很困惑啊！爲什麼要 偷偷放 這個呢？」

呵呵，這下子精采了！我喝一口暖暖的剝皮辣椒雞湯，開心的回答：

「不知不覺的偷偷放這個……，嗯，對耶，眞的是隱隱的，看似不經意的，把一種不在原本的主畫面主情節的內容悄悄的放入！**這個啊，是潛意識工作裡的『嵌入手法』**。

爲什麼要**悄悄的巧巧的嵌入**這個呢！是因爲像酒癮菸癮這樣的困境，常常在努力改變的過程裡，有一份『知道但做不到』的無力感，而且，這個**做不到的無力感其實比一般人想像的還要大很多**。

在這樣其實比想像中還要大十倍一百倍的困難底下，允許自己多喝兩瓶甜甜蜜蜜的養樂多，眞的一點都不爲過。這裡想要**連結起來的底層力量，很像是黑潮洋流的奔騰感受，**

像是在說著：

『親愛的潛意識（**也邀請此刻的你和自己這樣說**），我和你，我們（**這裡停頓兩秒三秒~**），眞的都知道，這很不容易（這裡來一個深呼吸~~），眞的知道這超級超級不容易，**所以啊，我們有些時候不一定每一秒鐘都要有很明顯的進步，我們只要知道自己正在有小小的移動，就好。**

我們啊，來允許自己，動員所有的快樂和享受啊，來填滿這個暗暗的好困難的深深的空空的洞。當快樂和享受的陽光能量照進心中，黑暗，空洞，都在光的撫慰裡，一分鐘兩小時三個月亮六個太陽的時光裡，慢慢的但扎實的都有了新的畫面和感覺……』」

年輕的研究生：「喔~剛剛這樣一聽，眼淚就上來了。這是好溫柔的理解和照顧啊……」

「嵌入技法」是在不知不覺中，**放進了一個懂，放進了一份慈愛，放進了一滴又一滴養分**，比本來想像的再多加一份善意，有時候放進一點點珍貴的力道、有時候放進了一滴滴的滋養水分，有時候放進了一絲絲冬天裡的曙光。

太極拳心法說：「聽勁，懂勁，然後可以接勁。」手稿裡的500c.c.酒精漸漸降到300c.c.，是難上加難的努力，而伴隨著增加的那些**好喝的快樂的滿足的50c.c.們**，正好就是精采的聽勁，懂勁，然後可以**接勁**。我們來拆解這三個連續動作：

聽勁！聽，閉上眼睛去聽，哦~聽到主角想改變的決心，已經自己發動從喝威士忌移動到酒精量比較少的啤酒了。聽，像是觸碰到感覺到需要酒精的那份心裡的空虛或是藏在底下的憂愁思念。酒癮的困境常常都不是一天造成的，這裡有故事的，我們，來聽。

懂勁！聽到了心裡的決心也聽到了改變的難上加難，接下來，是要懂到心底。好，來，閉上眼睛去想像，眼前真心想克服酒癮的主角，那心裡的**需要填滿的空虛**，來一個深呼吸，然後很有誠意的再來一個深呼吸，提醒著自己不躲開不斷裂、不去頂開也不去對撞。嗯，來，在心裡找到一個自己很類似的經驗，關於很想改變但是卻一直沒有辦法成功的自己生命的困難（**「哦~很像是我自己怕孤單這件事，其實試了好多年好多方法都還是依然很怕。」**）哦~原來是像這樣的難上加難。當我們走到了這裡，就已經不是表層的意識理解而已，而是感同身受的開始懂了。

接勁！聽了，懂了，就有了下一個連續動作，我們要來站穩馬步整合起即將迎接的力量，然後**接住**，**甚至可以接引**。怎麼接住怎麼接引呢?!我們在引導冥想裡創造出一種氛圍，讓改變可以像是滑進一個彎曲但順暢的長長滑水道似的，也像是一步一步一槳一槳的把船輕輕推向滋養生命萬物的黑潮洋流。

那很困難抵擋酒精的生命，原本的內在心境走法可能會在這兩個念頭裡打架：念頭一「今天我要**忍住不喝酒**」和念頭二「今天我太痛苦了我**必須要喝**」。於是，身爲很有心意的陪伴者，我們接住痛苦，也接引了想喝的心。所以好用心的填上那珍貴的一個新的**好喝的**50c.c.，又一個**快樂的**50c.c.，再一個**滿足的**50c.c.，直到更美妙的改變位移終於來到。

這樣的超級用心的想著補上50c.c.想喝什麼，是不是很像是祖父母照顧孫子孫女時會做的事！這是潛意識工作裡的慈愛啊～如果你正好不太忙，這個時候挺合適，帶著讀到這裡全新的學習和體會，再唸一次上一篇的「喝什麼好呢」的手稿，說不定眞的能夠體會到，什麼是手稿設計裡的「聽勁懂勁然後可以**接勁**」。

嵌入黑潮能量

除了表達出一份懂之外，「嵌入手法」還可以輕輕巧巧地注入像是黑潮般的心流能量！我們來看看這段引導詞裡頭嵌入的小東西們：

……那剩下的50c.c.要喝什麼呢？哦～～聽說……，可以喝**現打果汁**，喔～

現打果汁感覺很新鮮可口呢，嗯，也可以喝珍珠奶茶，**還可以加料哦，加粉圓、粉條**、ＱＱ芋圓～那後天呢……啊！那太有趣了～……你可以**在心裡面想到自己最喜歡喝的！說不定可以喝……好喝的鹿野紅烏龍，要不要加糖？可以啊，也可以加蜂蜜喔**。400c.c.的啤酒，加50c.c.的～～再加50c.c.的～～……騰出150c.c.可以喝別的呢！那～**接下來～就更好玩了**。

嵌入像是黑潮般的心流能量，用更白話來說，就是灌入好能量好經驗好資源。上面這一段，密度挺高的，嵌入了這些好的心流能量的**語詞**、**畫面**、**情感和感受**，像是（就是上面這一段的粗體字）：

「加糖～」、「那～接下來～就更好玩了～」、「也可以加蜂蜜喔～」、「在心裡面想到自己最喜歡喝的～」、「現打果汁很新鮮可口呢！」、「可以加料喔～」

這些，看似不經意，看似小小的，看似無足輕重，同時，**加在一起啊**，像是微笑加上了決心，那組合而來的力量感，很有可能像是黑潮的底層力量一樣美妙。這些加上去的小小的好東西，哈克找尋多年終於找到了很好聽的名字，叫做「可愛的哇啦哇啦」，我們下一篇來說。

5 可愛的哇啦哇啦

隱喻故事裡的嵌入手法

隱喻故事，有時候像童話故事，可愛又討喜；有時候偷偷說點智慧之語，像是禪宗公案的「噹～」棒喝小故事；很多時候其實很像是更生動一些更「動畫版一點」的引導冥想。

直接來看這個可愛的新鮮上架的隱喻故事，這個小故事用了比較多的聲音和溫度（聽覺和觸覺）～

〈母雞小蘆花的故事〉

來說一個〈母雞小蘆花的故事〉。冬天的下午時分，去東海岸小馬部落的碾米廠買了兩包各十公斤的剛剛碾好米之後落下的米糠。因為……寒流這個早上從北邊出發往臺東移動，到了今天晚上，雞舍即將很冷很冷啊……所以，即將要來在雞舍裡的厚厚的墊料上頭，像雪花似的，攞下五公斤的香香的輕輕的年輕的米糠！

雞舍裡的墊料中，有香噴噴的木屑和稻殼，是沒有宗教背景的「牧師」和「道人」朋友送來的禮物。在東海岸，我們叫做**木**工的**師**傅「牧師」，叫種**稻**子的農**人**「道人」。所以啊，墊料裡包含了好朋友做木工時剩下的檜木木屑和牛樟木屑、還有栽種有機稻子的朋友送我的美麗稻殼、再加上每天咕咕咕咕叫的母雞們非常努力貢獻加料的農村裡好珍貴的天然有機肥～

最神奇的事情來了～寒流的時候可愛的母雞們如何可以能夠有機會享受高檔的**快樂加溫秀**呢！當如雪花片片般的米糠從空中飄落（是我很認真的撒啦！），墊料中的有益微生物在發酵過程中，即將在二十四～三十六個小時之間，把溫度很神奇的從十幾度C沿路上升到四十九度C！！！在低於十度C的寒流裡，這是不是！王室 等 級 的超級享受呢！哎呀，原來，這個東海岸的小小雞舍，是母雞皇后聚集處

噢～

「超舒服的啦～～」母雞小蘆花咕咕咕的說。搖晃那可愛的小尾巴，母雞小蘆花拉長脖子看著我咕咕咕的叫、持續熱切的叫，於是我趕緊充當即席翻譯一下，牠說的是：「**哇～～～好幸福喔，被這麼溫暖的悉心照顧著！**」（你要試試看唸出來『哇～～～』這裡！母雞小蘆花表達的情意，要用這樣的唸法才有辦法接收完整呢：哇啊～啊～啊～，有一波又一波又一波的拉長音的三個『啊～』喔）。

我聽懂了！收到了心底。真的知道，真的收完整了，才對著眼前炙熱眼神的小蘆花回答：「咕咕～咕～咕咕～～～」，翻譯過去給母雞小蘆花的情意是：「妳知道嗎!?妳們每天生下的溫熱新鮮的蛋，讓我剛剛一大早煮給女兒喝的牛肉清湯裡，有了香噴噴的蛋花～超好吃的啦！」

於是啊……愛意，就在低溫的世界裡，加熱又加熱～～原來，愛，可以加溫哦～原來，愛意，可以翻譯厚～原來，低溫來的時候，可以相依偎一起度過～

這個小故事，是不是簡單又可愛！短短的文字裡，也使用了在隱喻故事裡特別好上手的「嵌入手法」，輕輕鬆鬆的，輕輕悄悄的，嵌入了好多美妙的好能量，像是：

「香噴噴的木屑和稻殼」：**香氣和觸感**，是直接可以輸入身體的陽光能量。

「如何可以能夠有機會享受高檔的快樂加溫秀呢」：**可以能夠快樂**，都是好能量。

「『超舒服的啦～～』母雞小蘆花說」：這是**聲音的資源**，會咻～一聲鑽進心底喔！

「原來，愛，可以加溫哦～原來，愛意，可以翻譯厚～原來，低溫來的時候，可以相依偎一起度過～」①這裡的「原來」很可能會**喚起**願意付出、願意試試看加溫的動機呢！（「原來」這兩個中文字，只要用偏低音的聲音唸出來，常常會蘊含了一份決心感。）而且，後面還加上了**愛的加溫按鈕**和**愛意的翻譯功能鍵**，感覺很能立馬投入心力。

在陽光能量注入的時候，這些嵌入了的好東西，我找到了一個很有趣的名字，叫做**「可愛的哇啦哇啦」**。「哇啦哇啦」是宮崎駿的動畫《蒼鷺與少年》中，很透明的白色小可愛，她們會在合適的濕度溫度時間天光裡，緩緩升空，笑笑的期待著的，冉冉上升即將投入下一個時空，重新投胎成為嶄新的生命。

感覺一下，嵌入能量是不是很像是「可愛的哇啦哇啦」**錯落在**長長的引導冥想手稿中或是隱喻故事裡，咚～來了一個！咚～欸～又來了一個～有點出其不意又其實細心安放了。很好玩厚！！！

♥哈克說明：

①：眼尖的你可能已經發現，這裡的**結尾韻腳**安排和上面小山豬嘟嘟的故事那裡提到的很像，「原來，愛，可以加溫**哦**~原來，愛意，可以翻譯**厚**~原來，低溫來的時候，可以相依偎一起度**過**~」，粗體的這幾個句子結尾詞「哦、厚、過」都是押「喔」韻，希望可以帶來迴盪綿延的時間延續感。

善用當季的資源

最後，注入能量有個美妙的小訣竅，就是選擇**當季的獨特好能量**。潛意識工作，特別把力氣放在「現在」和「等一下的未來」。過去的生命的歷史當然重要，只是潛意識工作的重點比較偏向提取過去和現在的資源，來去贊助盼望的未來。

也因爲焦點比較落在「現在」和「等一下的未來」，因此，選擇當季的獨特好能量就變得特別有力量！上頭母雞小蘆花的故事裡，有一個很當季的資源，那就是**冬天的加溫**。住在這個島嶼的我們都知道，夏天如果加溫很可能會中暑；而冬天的加溫卻可以帶來好多的舒服和令人微笑的溫暖。

當生命不巧正在哀愁時，可能需要比較多的溫暖；當日子遇見了滿滿的著急時，說不定需要強度很高的重量訓練來在深呼吸之後終於吐出身體底層的濁氣。

所以啊，三十出頭的生涯困境，可能需要先處理「好像別人都比自己知道要什麼的那份慌張」，因而需要戴上耳機連續兩個星期專心的聽哈克的線上課程《讓夢想著地》；而四十五歲那年終於成功離婚後的第一個除夕夜，可能很需要的當季能量注入會是買一張機票去北海道泡溫泉。

技法二：「盤旋的翅膀」

如果說技法一「能量注入」像是身歷其境的3D彩色動畫，那麼技法二「盤旋的翅膀」就很像是潑墨畫。能量注入的目的是要把好能量飽滿的灌注到主角的心中，重點在於要能生動立體又感同身受到幾乎像是此時此刻似的。

而這個篇章要開始講的「盤旋技法」，目的主要是爲了**引發主角聽者內在訊息的跳出**，所以，像是模模糊糊隱隱約約留白空間寬廣的潑墨畫，留白，所以創造內在訊息跳出的自由時空。

❶乘著盤旋的翅膀，聽見潛意識的聲音

老鷹在天空盤旋時，有一種固定的旋律，有一個像是可以預測的盤旋模式，同時，因著氣流的溫度和風的強度，老鷹的翅膀會微調、會擺動、會感覺、然後有了新的方向和轉彎。下頭，我們直接來看「盤旋的翅膀」在引導冥想中的實際例子：

〈一個焦香焦香的肉桂捲〉

不知道 你有沒有吃過很好吃的焦香焦香的肉桂捲……

一個焦香焦香的肉桂捲 是剛出爐的思念甜甜

一個甜甜甜甜的肉桂捲 讓 想你 的心情多了一點點

一個焦香焦香的肉桂捲 焦香了 我的思念

一個甜甜甜甜的肉桂捲 讓我勇敢不怕危險……

盤旋，如果給出一個具體畫面的描述，那會是：「在固定的規律中安心自由的流動和飛翔」。那些規律，不是僵化的流程，而是一種韻律，一種氛圍，帶來心中自然的浮現了一個感覺：「啊～知道了～現在是**我**出場的時候了！**來吧～我們上～**」聰明的你可能已經猜到，這裡的我，指的就是潛意識；而這裡的我們，指的就是潛意識加上了意識。

盤旋的來到，創造了一個「即將喚醒了什麼」的氛圍，或者說那是喚醒潛意識的創意之流。身體和直覺和潛意識，在這樣的氛圍之中，即將躍躍欲試。

在上面的短短的肉桂捲引導冥想手稿裡，固定的規律結構是這兩句：「一個焦香焦香的肉桂捲」、「一個甜甜甜的肉桂捲」，這樣類似的文字語言重複了不只一次，這，就是「盤旋技法」的文字語言使用。

因爲沒有變動，因爲重複出現，所以啊，意識逐漸安心下來，好像有一種知道來到，知道自己可以休息了。爲什麼可以休息？因爲已經知道了，因爲已經可以預測了。而**當意識安心休息了，潛意識就會自動接手**。常常啊，因爲意識感覺到可以安心了，所以潛意識就很有機會也很有內在空間，可以在心裡身體裡輕聲柔軟又好奇的呢喃著透露著：

「**剛出爐的思念**～我的剛出爐的思念呢？……如果有，會是什麼呢～～～」

「**勇敢不怕危險！**生命裡的什麼，正在呼喚我那底層的勇敢呀!?」
「**可以勇敢在哪裡呢**?!我的勇敢，在生命的這個階段，用在哪裡！」
陪伴時，當被陪伴者正好處於「探索」或「覺察」階段，特別適合在語言文字裡包含像這樣「多種可能性」和「重複可預測」的盤旋語法。於是啊，聆聽的主角的**意識會逐漸發現**「欸～好像不需要一直去努力尋找答案，只要聽聽直覺的挑選和輕巧的連結上就好了！」，因而，處在舒服又鬆柔的好狀態，進而接近了潛意識的美妙資源。

進階盤旋

「盤旋的翅膀」，除了重複的文字讓意識安心並且啓動潛意識的手法之外，還有很美妙的內裡喔！接下來，來看一個進階的例子。那是一個冬天的早晨寫下的一篇小小的引導冥想，我們來拆解那可愛的文字背後藏著的潛意識美妙邏輯！先來看看這篇手稿：

〈什麼讓你迫不及待啊〉

生命裡，有沒有什麼，讓你迫不及待呢？一大清早，結球萵苣綠櫛瓜黃櫛瓜百香果，好像一大早就已經在呼喚我了～常常覺得 農作物 很美……有時候清晨六點多，就迫不及待穿著雨鞋下田去了～

東海岸的曙光，常常美的像一首詩，土地呀，會呼吸，風啊雨呀，會跳舞，而綠色的菜苗，像是冉冉升空的熱氣球。那農夫呢……農夫啊農夫，怎麼搞得好像只要一穿上雨鞋一戴上手套，就像個小孩似的！我的菜園有個可愛的名字，叫做「貓頭鷹菜園」，因為啊，冬天夏天的晚上，領角鴞、黃嘴角鴞喜歡來這裡歌唱！於是啊，肩上荷著鋤頭在不大的菜園裡，這個也試試，那個也種種。

長得自然的，明年多種一畦；長得好的，今年多吃兩餐；長得辛苦掙扎的，一起想想辦法；而那長得理所當然的，就讓它生根扎地留在這裡了。

不知道生命裡，有沒有什麼讓你迫不及待？有沒有什麼，讓你其實真的知道理所當然不可能放棄。然後啊，什麼，是那即使辛苦掙扎也要繼續想辦法努力的？還有，什麼，是自然而然，終將成為風景的！於是啊，安靜的問自己，也敲敲心門，然後～發現，原來是這個呀……找到，原來是那個呀！

接下來，我們開始內裡的探索，來拆解在上頭的這個引導冥想手稿中盤旋技法的進階使用。一起頭，在最前面就先**撒**一個**金粉**（**大家自然就能聽懂吸收的好東西**）**：「生命裡，有沒有什麼，讓你迫不及待呢？」**，**可是，接下來卻跑去說**清晨的曙光還有好幾種聽起來不太確定是什麼的蔬菜，這個時候，聽著故事的人心裡可能就會出現一個聲音：「什麼？你在說什麼？」

當意識上**已經跳出一個有方向的問號**，可是**又不給出明顯的解答**，這時候潛意識就會自動的**活**起來**動**起來**活動活動**：「喔～那是什麼呀？」，像是想要幫忙**填滿填上**這個空白似的。這個時機點，正好就是「盤旋技法」的出場時機！

潛意識工作其中一個令人驚豔的地方就是：說話的人有時候輕輕柔柔看似不著邊際，有時候又跑去旁邊繞來繞去，聽著故事的人啊，卻不知道爲什麼（**是意識不知道爲什麼**）就積極的動了起來（**是潛意識很開心的動了起來呢**）！

大部分的時候，潛意識工作傾向不給它正面迎擊，不做這個，那做什麼呢？我們在旁邊敲敲敲，就好像你要穿過一個岩石，你在岩石旁邊敲敲敲敲……不去硬碰硬的猛力撞擊中間很硬的這裡，而是選擇在旁邊這裡敲敲那裡敲敲……然後啊，蘇啊～蘇啊～咻～～碎砂石漸層滑落，於是光就透進來了。光已經透進來了，原本卡住動彈不得的岩石，在碎砂滑落的沙沙聲中，有時候，會忽然想說：**「嘿～來～動一下吧！」**

我常帶著一個淺淺的微笑，做像是這樣的事情，敲敲敲……就輕輕的敲敲敲……然後在旁邊等待，看看什麼時候，光，恰巧照進了一點點小小的裂縫。讀到這裡，你可能已經開始好奇：「在剛剛的文稿裡，究竟，光是怎麼恰巧照進裂縫的呢？」來看看文稿裡的這幾個很有意思的句子：

長得自然的，明年多種一畦；長得好的，今年多吃兩餐；長得辛苦掙扎的，一起想想辦法；而那長得理所當然的，就讓它生根扎地留在這裡了。

這些穩定又重複出現的字「長得……長得……長得……」，就是盤旋的實際文字結構。同時這一段，除了重複的文字之外，也偷偷的加入了摻入了大自然的隱喻，隱喻一旦加入了盤旋的文字裡，內在啊，常常會忽然變得寬寬鬆鬆而且又開闊又更有空間了。

「長得自然的，明年多種一畦」，接著下一句「長得好的……」，剛聽到這四個字「長得好的」一**出現的時候，意識的邏輯會想說：那長得好的是不是要不要多種兩畦？**（意識會自動去思考數量）。但是活化潛意識的邏輯安排鋪陳是很有趣的，你看，我說的卻是：

「長得好的……（唸的時候這裡停頓五秒鐘）……今年多吃兩餐」。多吃兩餐，說的**是享受。意識的邏輯思路正在想著收成數量的推論，忽然潛意識的語言拋出了「沒有意想到的」新向度，享受。**這個「怎麼會這樣？怎麼會是這個！」的**思緒空白刹那，正好就是潛意識資源自動連上的美妙時刻。**

怎麼說呢？爲什麼這個思緒空白的時空刹那，潛意識資源會自動連上？**這個因爲意想不到而開啓的思緒空白刹那，很像是厚厚的雲忽然間出現了一個鬆鬆的空隙，於是陽光，可以流動的透過去傳進來暖暖的能量。**

這樣的「出乎意料之外」多來幾次之後，原本的意識邏輯會發現：哎呀～自己怎麼「這樣想不對，那樣想也沒有是，好像怎麼想都不對……」，於是，它就出現了一種「啊……算了」的心情，意識因爲使不上力所以決定算了。這個刹那**當意識決定算了，那潛意識，常常就順勢把握機會像陽光像溪水滾滾而來了。**

這四句，用了完全不同的感官式語言去描述，去隱喻了不一樣的方向。第一個叫做耕種，第二個叫做享受，第三個叫一起想想辦法，第四個叫沒有懸念的安頓。

這四句，因爲用了完全不同的感官式語言去描述，隱喻了四個很不一樣的方向，聽者的意識，大概在第三個出現意識推論邏輯出現落差的時候，會跑出「算了」的信念，於是**讓出了珍貴的內在時空**，於是，可以迎接最後的這個第四個方向。

最後的這個第四個方向，先落下一個「而」字。「而，**那長得理所當然的**，**就讓它生根扎地留在這裡了**」。「而」這個中文字的後面，常常會去接著最想要的、最重要的。「長得理所當然的」講的是**本性**，也就是**人生的土地上無可取代的原生種植物**。因爲最重要，所以啊，在聲音的使用上，這句啊，會慢下來唸，速度大約是前面文字的慢兩倍，因爲想要珍惜的、慢慢的滑進滲入心底。你可以搖頭晃腦的慢慢的唸唸看哦，很好玩的！

跟著我學習了好幾年的年輕社工，讀了上面這一段，很興奮的這樣說：

「哈克，我也好喜歡這一段（**長得自然的……長得好的……長得辛苦掙扎的……**），每一個回應都有種調皮的心意，有種意料之外，有種可愛，然後就可以東敲敲西打打，撐出了不同向度的空間。

還有！對對對，上哈克的課就是有一種：因爲太多意料之外，我無法預測，然後會發現過去熟悉的學習架構跟社會互動架構，在這裡竟然完全不適用，所以意識就退位了，然後潛意識就可以豐足的學習著！！**我就是因爲那一股『那就算了』**，然後，後來就快樂的沉浸在潛意識的生長裡了。」

哈哈哈，是這樣喔～潛意識工作，眞是一個色彩繽紛的遊樂園啊。讀到這裡，聰明的你，可能已經發現了！要能讓意識讓位（yield），有兩個主要路徑，一是：「讓意識算了」；二是：「讓意識安心」。下一篇，來繼續用更多例子來講，讓這個超好玩的主題可以學起來，變成滋養生命的小絕招！

2 來讓意識放心吧！

年輕的輔導老師讀了上一篇，這樣分享著心裡的感受：「很喜歡這個手稿**〈是什麼讓你迫不及待啊〉……土地呀，會呼吸；風啊雨呀，會跳舞；而綠色的菜苗，像是冉冉升空的熱氣球……**特別是綠色的菜苗像冉冉升空的熱氣球，這一段好像藏著一個重要的什麼，嗯，好像是潛意識工作裡很不一樣的邏輯，像是……試著用一個個美感陪伴的經驗，讓人慢慢的練習放手信任……讓底層的生命力接手。」

是啊，是這樣啊。我三十年來沉浸在潛意識工作裡的體會，眞的是這樣。這一篇來說說：如何可以讓意識放心。

潛意識工作的語言使用，在**早期的催眠治療傳統做法裡，很認眞的著墨於如何可以「繞過**或**敲昏**那**剛強的意識」**，很有技巧性的潛入深深的潛意識之海。這幾年，我慢慢的比較少使用「繞過意識」跟「敲昏意識」的古典做法，很自然的越來越多時候是**想辦法和**

意識合作，讓「意識放心」。當意識放了心，甚至安心的願意一起進來幫忙，似乎，也就不需要刻意去繞過它或敲昏它了。

「**讓**～意識**讓位**」裡頭的這個「**讓**」，在潛意識工作裡很關鍵。我二十五歲的時候在美國讀書，開車在馬里蘭大學校園附近的社區時，常常會看到一個三角形的交通指示牌，上頭寫著一個英文字「Yield」。這個交通號誌代表的涵義是：當我開車在這個街道上看見眼前這個標誌時，我就需要禮讓前方交叉口的**另一個車道的車先走**。

「Yield」，來讓出。如果我們的內在，平常習慣當老大控制全場的意識，因為某種原因而**願意「讓出路權」**，讓潛意識的資源有流動的河道可以前行可以沖刷可以洗滌，哎呦，那人生不就充滿期待又精采可期！重點來了，怎麼樣可以讓意識放心呢？在這裡，其實我們可以往裡頭再多走一步路，來想想看：**「那，是怎麼樣可以讓一個人放心呢……」**。

上一篇文字寫出來的時候，年輕的助人工作者讀了我的關於盤旋的解說，很開心的和我說：「聽哈克講盤旋，腦海中馬上出現在中央山脈抬頭就會看見的大冠鷲，那樣的盤旋是**對環境與氣旋的安心**，所以可以安心的跟著氣旋飛翔～回想起我剛開始在臺北上陪伴心理學的課，第二天早上，我很放心的在團體室裡吃著蘋果，**清脆的咬蘋果聲**不小心打擾了課堂進行，但哈克暖暖的聲音說著：『我好喜歡孩子這樣的安心的跟在我身旁學習。』那個剎那，安心，也就這樣種下了～然後就能好好的進到潛意識的學習裡了。我眞的是**那一次完全地感受到被接納跟安心**喔！！！」

哎呀！是這樣啊～我瞬間想起幾個月前團體室裡的那聲非常響亮的「清脆的咬蘋果聲」！哈哈，因爲眞的非常響亮，所以我講課講到一半眞的停了下來，然後我用力的忍住笑意，心裡呢喃著：「哎呀，這個孩子怎麼這麼可愛啦，可以咬蘋果咬得這麼大聲，哈哈哈，太可愛了！啊，會不會在工作坊的此時此刻，這個孩子因爲好安全好輕鬆，所以可以咬蘋果咬得這麼帥氣又響亮啊～」

這裡的呢喃，有一個很美好的心境，叫做「善解」加上「喜歡」。這個正好就是**讓意識安心而願意讓位的小祕訣，善解加喜歡**。

「長時間的善解」加上「那個剎那的喜歡」

關於善解，那是一份經過了長時間所累積的了解。這個年輕的助人工作者，曾經讓我知道，因爲她從小有過動、注意力不容易集中的傾向，上課的時候不容易自然就很專心，總是需要手邊做點什麼或是咬咬東西才好像有在放電，於是可以進入學習中。善解，意思是帶著善意去了解一個生命。

而喜歡，是綻放的對著一朵含苞待放的花說：「哎呀，怎麼這麼好看啊！」依稀記得有一句話好像是這樣說的：了解一個人需要一段歲月，而喜歡一個人只需要一種直覺。

當「長時間的善解」加上「那個剎那的喜歡」飽滿來到的時刻，眼前的生命很有機會安心下來，於是在深呼吸落下的那個時刻，忽然間來到了一種心情，感覺到自己**本來的模樣已經被喜歡了**，於是，意識放了心，於是下一秒，潛意識就自然流動了。

3 盤旋在解夢中的實戰演練

包含多種可能性（thoroughness），是運用盤旋這個技法時，很清晰又很好操作的思索路徑。之所以要在盤旋裡，呈現出**幾乎所有可以想像的多種可能性**，主要的原因是，要讓**意識**可以**輕輕鬆鬆的不需要用力**。那，爲什麼不想要意識用力？是因爲意識一用力，常常心理空間就緊起來縮起來。

當意識發現：「欸～**原來我不用這麼用力想**、不用那麼用力找」的那個時刻，我們的身體常常會自動的來了一個深呼吸，於是吐氣的剎那，隨著允許自己鬆開的歎氣聲，潛意識常常就感覺到，嗯～是上場的時候來了！

這樣讓意識因爲知道正在來到的**這個時間區間**可以不用力，因而來到的鬆柔狀態，打開了內在的空間感和流動感，於是，我們更有機會可以順暢的接收到那來自心底的聲音或提醒。

實際做法上，以下頭這個經典的水龍頭解夢實例來說明，在哈克實際陪伴的歷程裡，夢的主人這樣描述他的夢境：「那是一體成型的水龍頭，有兩個出口，上面的水很猛烈，下面的水龍頭水量非常少快停水的感覺，很像水龍頭沒有關緊在那邊滴滴滴滴不出來。」

我這樣跟著盤旋往裡頭走：「剛剛聽你的夢，水龍頭的下面出口，好像是少少的、卡卡的、快停了，不知道這樣說，**有沒有讓你想到**最近遇見的什麼？……**或者，什麼，讓你心裡感覺到**，如果能夠再更順暢一些，就實在是太好了……生活裡，有沒有類似的感覺？說不定，是跟最近的主要煩惱有關，或者是跟生活處境困難的地方、有掙扎的念頭有關……或者是跟身邊的人的關係有關……」

這裡的**「有沒有讓你想到……或者是讓你心裡感覺到……也說不定……」這樣的句型**，加上提供的多個**思緒**、**感覺選項（希望更順暢、最近的主要煩惱、生活處境的困難、掙扎的念頭）**，就是盤旋的翅膀在解夢時的實戰做法。

再來一個例子！那是哈克自己的很好笑的「金字塔型鳳梨酥」的夢。解開這個夢之前的盤旋話語會是：「閉上眼睛，做三個深呼吸，很好，剛剛，說到那個金字塔型的鳳梨酥，好像味道一樣，或者只有外在形狀改變，也可能是感覺無聊沒有意思，這樣的形容，有沒有想到自己的什麼？或者，有沒有想到最近生活裡的什麼？生活裡，有沒有類似的感覺？

說不定，是跟最近的主要煩惱有關，也有可能，會不會是跟未來的計畫、或者是跟身邊的人的關係有關，也說不定跟從小到大一直努力的部分有關，或者跟你的創作力有關，說不定跟你的情感關係……生命發展……有關……就讓潛意識帶著你，提供你訊息，輕鬆自然的發現可能的相關或連結，都很好……」

這個例子又更完整了，特別是清晰又眞的有可能的選項在問句的話語裡呈現出來**（會不會是跟生活的重心、未來的計畫有關，也說不定和創作力、情感關係、生命發展有關……）**。這樣盤旋的給出各種選項，很像是你到便利商店想要買零嘴或是泡麵，你知道最上面一排有幾種品牌選擇，你也看到第二排有不同大包的小包的選擇，然後就可以輕輕鬆鬆的挑選這個剎那最有感覺的，不用費力的想來想去，就可以直接取用！

逛便利商店似的進階盤旋練習

這裡有一個可以進階學習的地方，就是當盤旋的語言文字被唸出來說出來，然後主角正在閉著眼睛聽見，這個時候，陪伴者一邊唸同時一邊觀察到盤旋的某個主題或某個內容，主角**好像特別有感覺**（**像是微笑、眼眶含淚、眼皮忽然眨動、手指頭抖動、眼珠子轉動、眼球往後往眼窩後頭裡頭翻**），**這時候，就可以在「主角特別有感覺的那附近」更細緻的盤旋**。

很像是，當你在第一層盤旋時提供了便利商店裡的各種選項：「不知道你到了7-11最常逛哪一區呢？會不會是飲料那裡，嗯，還是零嘴區、會是電池那附近嗎，還是泡麵，哦～包子、茶葉蛋……」然後假設，當講到泡麵這個選項的時候，發現了主角好像特別有感覺（**來了一個淺淺的笑、舔了一下嘴唇、吞口水、忽然吸了一口氣**），那你就可以好好的把那泡麵的各種可能模樣全都放在盤旋的選項裡，像是：

「欸～哦～泡麵喔……好啊，這裡多逛一下好了！在你的心裡，吸引你的目光的，好像看到架子上的，嗯，會不會是……味味一品牛肉麵、或是阿Q桶麵、還是～來一客的杯麵呢，說不定是統一肉燥麵，哎呀，今天，選哪一種來享受好呢……」①

哈克說明：

①：這裡，可以來做一個可愛的小練習，這是哈克工作坊現場發明的很好玩的盤旋經典兩

階段練習「逛7-11」。第一階段是單純引導主角逛7-11，第二階段是聚焦在主角有感覺的地方。怎麼練習呢？可以兩人一組這樣練習：

第一階段：帶領人憑自己的直覺和記憶，帶著主角逛逛7-11，像是：「邀請你閉上眼睛，感覺自己聽到叮咚～走進了7-11的入口，嗯……」；**第二階段**：根據第一階段看見的有感覺落點，繼續聚焦盤旋，可能是：「哦～是飲料啊！好啊，來看看有氣泡的好，還是有咖啡因的好呢……」

以夢境陪伴的實際主題來說，比如說發現夢的主人好像對於「情感關係」這四個字有感覺有反應，那就可以在「情感關係的那附近」慢慢緩緩盤旋：

「會不會，是和愛情有關呢？分手啊，追求嗎，或是親人的感情、陪伴的時間、朋友的聚會或分離、一起開心胡鬧或一起度過難關……有沒有什麼讓你好像有感覺或是有一個深呼吸來到……」

藍色大車車的解夢實例

接下來，我們來看看盤旋的翅膀應用在解夢的眞實例子，這是一個新鮮上架的夢，二〇二四年的大年初二清晨，哈克做了一個「藍色大車車的夢」：

夢裡出現一輛藍色的大車子，我要把車子倒出來，可是這輛藍色的大車車有點胖又挺大的，而且旁邊有停很近的車，右後方好像還有一輛摩托車擋住，很不好倒車，不好倒出來。夢裡，好像並沒有著急，只是知道需要把車子倒出來。

這是典型的小怪夢，因爲生活中我沒有藍色的大車車（我現在開的車是白色的）。那，怎麼用盤旋的翅膀來解這樣的小怪夢呢？在「陪伴解夢安心準備」（解夢階梯一）、「澄清夢境細節」（解夢階梯二）之後，可以這樣使用「聚焦加上聯想」：

盤旋的翅膀問句一

「閉上眼睛，感覺自己正看著藍色的大車車，藍色，那個藍，那個藍色，有沒有讓你想到最近生活裡的什麼？可能是大自然的天空的藍色，說不定是中年男子的藍色憂鬱blue～，也有可能是心裡好裡頭的珍惜，或者，會不會是情感舒服的流動……」

哈哈，這樣一問，小怪夢忽然就解開外層纏繞的絲線了！

藍色的大車子，哎呀，藍色，我一直都覺得潛意識很像深藍色的大海。所以我的第七本書《一字一句靠近潛意識》書皮就是藍色的。啊，我知道了，藍色的大車車，代表的就是我這兩年來一直努力希望可以出版的第十本書，是這本書，啊～（忽然全身起了雞皮疙瘩）眞的是這個（身體心裡都感覺到一份YES的感覺）！

可是，兩年來累積了十八萬字的文章內容，實在是**很龐大**，喔～難怪是**大車車**啦（哈哈，這裡來了一個很開心的笑）！！！藍色（潛意識工作）大車車（好多想寫的內容），對應的太精準了吧！外層解開了，接著可以在關鍵的聚焦點，繼續施展盤旋的翅膀：

盤旋的翅膀問句二

「這個夢，很有意思呢！夢裡面有一個動詞，叫做『**倒出來**』，來，閉上眼睛，感覺看看，感覺一下下，生命裡的什麼，會不會真的有什麼是『不好倒出來』的呢？② 嗯，**有沒有可能是……最近生活裡的什麼、努力的什麼、累積的什麼、收**

藏的什麼，或者專注著的什麼，『不好倒出來』呢？還有啊，會不會是這個季節的什麼樣的心裡的東西『不好倒出來』呢……」

啊哈～～～我知道了！（忽然拍了自己的大腿「劈呀一聲～」）這麼一問，忽然像是上達天聽的喜悅般的，接收到了潛意識透過夢給我的訊息！原來，**「倒出來」指的是**：要把好多好多的那十八萬字五十多篇**已經寫了的文章倒出來，整理出來**，給出版社的編輯好朋友看！做這個夢正好靠近春節假期，而我年底時跟編輯好朋友說，過年後大年初六初七我來整理好新書的提案給她。

原來，這個夢在說我的忐忑，因爲不知道提案會不會通過，想寫的內容不知道有沒有機會變成一本書，傳遞給下一代的助人工作者……我很想細細的整理來好好提案，同時，又很想趕快進入火力全開的書寫狀態，呵呵，啊，我知道了啦，夢裡面要倒車，是在說：要成功的倒車之後（整理文章之後能提案成功），才能眞正走在賽道上，走在眞正的路上（正式進入寫書的上路狀態）。

寫下了的文章內容好多好多，要**倒出來，很不好倒**。因爲東寫西寫的，要整理，眞的是大～工程（想到這裡深呼吸一口氣～接住了自己的壓力也接住了自己的眞心盼望），潛意識啊，很溫柔的在大年初二的夢境裡和我說：**「沒有著急喔，藍色的車子大，慢慢倒。」**

哎呀，好，收到了潛意識的提醒大禮物，心裡決定了，不急著初六開工日就傳給編輯這份新書提案。在心裡和自己說，是啊，潛意識的深藍世界如此珍貴，咱們（意識和潛意識）慢慢來梳理消化，有感有覺的來編排前後順序，三月中，再來提案。

這樣使用盤旋，其實不難厚！我跟你說哦，多練習幾次，解夢啊，很有機會變成你和人互動，和自己互動的舒暢遊樂場呢！

♥哈克說明：

②：爲什麼選擇「**不好倒出來**」這裡來聚焦呢？那是因爲，「不好倒出來」是夢的主人心裡挺迷惑的會皺著眉頭想來想去的感覺（**不好**）跟念頭（**倒出來什麼啦**），解夢的其中一個小訣竅，是去找出那個「主角挺迷惑的感覺或念頭」，從這個關鍵點盤旋進去探尋，解開小怪夢的機會啊，會大很多很多。

4 盤旋技法在隱喻故事的使用

盤旋的翅膀用在**解夢**的時候，有一份劇情緊湊裡的悠遊和靈動；盤旋的翅膀放進**引導冥想**，有一種清晨的青草香讓人忍不住深呼吸；盤旋的翅膀放入**隱喻故事**裡，特別有一種「哇～～～這個這個，哎呀，這個這個，好美妙啊～」，或者，甚至出現一種心情：「草泥馬的！這個好！」

哈哈，所以，這一篇來說盤旋技法在隱喻故事裡的使用，先來看看下頭這個哈克新鮮上架的隱喻故事。

〈碳化稻殼的故事〉

來說一個「碳化稻殼」的小故事。臺灣東海岸的土，偏黏土。黏土啊，有硬度而且密度高，紅土網球場上和哈克一起打網球的臺東土生土長的球友都說：「臺東的土很黏，會黏人，喜歡上了臺東之後就很難不留下來。」

黏土啊，因為密度很高特別高，所以種植阿毛喜歡的四季豆、粉豆，黃阿赧愛吃的茼蒿啊橙蜜小蕃茄啊，都需要讓空氣在土壤裡頭有存在的空間。所以啊，在立冬前後，我開始了做農的**這個季節的新嘗試**，學習自己製作用來改善土質的關鍵介質：「碳化稻殼」。

立冬前後，第一天，我在雞舍的空地中央附近找了一小塊土地，先往下挖掘一個空氣的專屬通道，在上頭，把上次大颱風之後落下的大根的樟樹枝幹架起來……拿了報紙當作燃燒的火種，讓火啊，燃起在剛剛來到的東北季風裡。

炭火，在二十度涼涼的空氣裡燒起來，完完全全燃燒兩小時之後剩下很美很美的紅寶石般的發著亮光的炭火！然後，一口氣倒下壓滿一整袋的稻殼。然後 等待。兩個月亮加上兩個太陽之後，立冬的這一批碳化稻殼，很漂亮的又立體的碳化黑色稻殼在四十八小時之後來到，像是帶著甜甜的蔗糖香味，忍不住大口的接收，香氣在風裡美極了。

碳化稻殼的製「做」與創「造」裡，低氧，是關鍵，剛剛好而不過多的氧氣，是最要用心**照顧維持**的。因為如果是快速的瞬間的大火的全氧燃燒，就會一下子全部都變成了灰，這時候，擁有的是養分很不錯的炭灰，但是，沒有可以呼吸的立體空間。

特別特別喜歡這個燃燒過程裡的「慢慢」。微微的炭火在底下逐漸散發和傳遞熱能，很慢的很慢的，因為幾乎是一百倍慢速度的，在碳化的時間裡，**竟然維持了米粒移走後的三度空間！！！**

不知道……什麼，是屬於你生命這個季節**的**「碳化稻殼」?!有炭的養分，也有立體的稻殼形狀，因而讓土壤可以呼吸，可以又營養又給出了呼吸的空間。剛剛好的養分，搭配上比平常充裕的時間感，然後，竟然還有可以舒暢吐氣的空間～

然後啊，**說不定啊，不知道會不會心裡，在這個時刻心中跳出了誰、想到了誰，讓此刻的你，寬寬的款款的真心的盼望，想要能夠這樣給出一份美妙的愛，像是碳化稻殼似的……**

可以舒坦的呼吸～有營養喔～那是剛剛好的養分呢！而且，還搭配上比平常更充裕的時間感，很舒服的空間呢！

生命的這個時刻，**會不會在這個時刻心中跳出了誰、想到了誰，讓此刻的你真心的像是祈禱似的，盼望給出一份美妙的愛，像是碳化稻殼似的……可以舒坦的呼**

吸，剛剛好的養分，還有充裕的時間感，很舒服的空間……

盤旋在慢與立體之間

碳化稻殼這個隱喻故事，概念上，盤旋在「時間的慢」和「立體的空間感」之間。技法上，在故事的哪裡使用了「盤旋技法」呢？這個隱喻故事的哪裡，讓意識可以放心，或者讓意識知道這個時刻可以不費力，於是流動的讓位給了潛意識呢？

年輕的諮商師讀了這個碳化稻殼的手稿開心的和我說：「哈克，這個故事，特別喜歡**最後那三段**的**重複迴盪**：『生命的這個時刻，會不會在這個時刻心中跳出了誰、想到了誰……像是碳化稻殼似的。』**有一種環繞音響的感覺，或是一首歌的副歌～**」

是啊！形容得眞好。這樣的重複文字語言，在故事的聲音裡，眞的很像環繞音響，很好玩厚～因爲看似幾乎內容上重複了上一段，但，卻又有一點點不一樣的文字，讓內在逐漸柔軟的心暖暖的聽著，於是，眞的內心會很好奇的「再去」等待看看，等一下會不會眞的有一個誰又會再一次跳出來呢！來拆解一下手稿裡技法落點的語句包括：

故事一開始的：

所以啊，在立冬前後，我開始了做農的**這個季節的新嘗試**，學習製作用來改善土質的關鍵介質：「碳化稻殼」。

故事中間的：

不知道……什麼，是屬於你生命這個季節的「碳化稻殼」?!有炭的養分，也有立體的稻殼形狀，因而讓土壤可以呼吸，可以又營養又給出了呼吸的空間。

故事結尾的：

生命的這個時刻，會不會在這個時刻心中跳出了誰、想到了誰，讓此刻的你眞心的像是祈禱似的，盼望給出一份美妙的愛，像是碳化稻殼似的……

上面的這幾個藍色的粗體字，「這個季節的、生命的這個季節、生命的這個時刻」**重複盤旋錯落**在故事的一開始、中間和結尾。一方面透過說三次來強調這個季節（當季新鮮）的重要，讓聽者可以深呼吸的感覺到，喔～原來「去找尋定位出自己這個年紀獨特的需要、盼望和想要」，是好珍貴好美妙的。另一方面，透過重複的盤旋技法，也讓意識出現這樣的內在聲音：

「嗯，說了第二次了，嗯，我已經知曉了，嗯，來到第三次了，我想，嗯，不需要我用力了。好，那就放鬆思緒好了。」；「欸～這個句子，好像剛剛聽過了，嗯，好，那我可以休息了。」

換句話說，因爲重複的盤旋，讓意識覺得已經重複了一遍又一遍，因此產生一種無聊感或安心感，於是，意識讓位（yield）了**失神**了。這個時刻，潛意識直覺順暢的動了起來，入主了大管的心流，潛意識**入神**了。這個刹那，一個出一個入，正好就是trance狀態來到的珍貴時刻。

眼尖的你，可能也發現了手稿裡還有另一類的盤旋，是的，深藍色的這幾個粗體字，

「生命的這個時刻，會不會心中跳出了誰、想到了誰，讓此刻的你眞心的像是祈禱似的，盼望給出一份美妙的愛，像是碳化稻殼似的……可以舒坦的呼吸，剛剛好的養分，還有充裕的時間感，很舒服的空間……」

這幾句話語，在文稿最後的五分之一短短的文字裡，竟然幾乎沒有換字的重複盤旋了兩回合呢！這裡，專心的盤旋在潛意識工作非常醉心的主題：「可能性」。

什麼樣的可能性呢？我們都是正常人，本來日子就這樣一天一天過，怎麼沒事會想要去對誰更好，對誰給出充裕的時間感呢！當然不會。所以，在意識和潛意識的交界之處，在引導冥想在隱喻故事裡，我們鬆開那些成功綁縛了自己的繩索，我們閉上眼睛進入了和

天地靠近的時光裡，於是，深呼吸一口氣，竟然，怎麼，眞的，想起了一個人。

5 似有似無的 美感空氣

盤旋的翅膀是很簡單又好上手的技法，透過關鍵語詞或類似語法的「重複的來到」，逐漸創造出一個氛圍結構，讓思考的大腦願意慢慢的終於放鬆放手。年輕的社工這樣描述觀察到的另一種盤旋的場景，他這樣說：

「我突然想到，這幾年在參加哈克的工作坊時，總是有著固定結構的開始，哈克會先抱著吉他坐下來，調吉他的音，白板上寫下要唱的歌詞，彈吉他唱唱歌，說說日常說說生活，然後，會有一個對生命的提問像是『今天，我想迎接什麼樣的自己？』。這讓我們的意識處在穩定的結構中，於是，潛意識可以探出頭來～潛意識眞的好好玩喔！這樣東說說西說說，心安了，笑浮現了，然後就可以走進彼此的生命裡了。」

呵呵，我還眞的沒想過，原來不知不覺中，已經在帶領工作坊時，創造了這樣的氛圍和能量場，因爲操作著**重複穩定的流程**，意識逐漸發現這一切都**可預測了**，**不用那麼擔心**

緊張保護了，於是啊，那本來藏在心底的潛意識，不知不覺中，生長了起來，甚至透露了意想不到的訊息呢！！！

關於盤旋手法，語法上其實很單純，就是持續的使用thoroughness（包含很多可能性）的語法。下頭，我們來看看幾個常用的「包含很多可能性」的語法例子：

「你**可以**坐著，**也可以**斜躺著，**也可以**舒服的躺下來，**或者就是**找個舒服的姿勢，讓自己享受一個故事……」（包含姿勢的多種可能）

「你可以**閉上眼睛**，也可以**睜開眼睛**……都好……如果閉上眼睛覺得很舒服……那就閉上眼睛，有些時候，一邊休息也可以一邊吸收著……」（包含睜眼閉眼的多種可能）

「你**可能**會**看到**……**也可能**會**聽到**……**或者就是**單純的**感覺到**……」（包含視覺聽覺觸覺）

「你可能**會了解**……也可能**不了解**……也可能**有**一**些了解**……都好……對呀，沒有也很好……太快，聽說，會很可惜……」（包含念頭的多種可能）

「你也許**有些迷惑**……也許**有些領悟**……也許**有些感覺**……也可能就只是單純的**覺得很平靜**……說不定，也有一些**滿足**……這樣很好，就讓自己在心裡頭感受著……不一定要發現什麼，感受著，就是接近著自己，迎接了自己～」（包含感受的多種可能）

盤旋進階技法

除了上頭這些在語法上選項上給出盤旋的內容，下頭這個引導冥想的例子，又把盤旋往更進階走一哩路，因爲是進階，所以建議你找一個內在空間比較舒坦的時刻，再翻開來讀。

〈每一個情緒 都可以擁有時間〉

時間，像是一陣風，吹過時無痕，卻又輕輕撫弄心弦。如果啊，每一個情緒，都可以擁有時間，會不會，爭吵忽然少了；如果，每一個情緒，都可以擁有時間，會不會，夢，不用那麼激烈；如果，憂愁，擁有了傍晚，那夕陽的美，說不定有一份秋天的味道；如果，羨慕，擁有了時間，那夢想，會不會有了瞄準和發射的箭頭；如果，脆弱，擁有了清早的時光，會不會，剛強知道今天不用太早起；如果，調皮的快樂，擁有了早上十點鐘或是晚上九點半，哈哈……那……如果，每一個情緒，都可以擁有時間，親愛的你，今天想和哪一個，說嗨~~

這裡的盤旋進階技法，透過**重複的語詞結構**「如果……可以擁有時間，會不會……」，像是呼喚內在聲音似的，在空氣裡迴盪。爲什麼是進階呢！因爲這裡的盤旋，有一種「似有似無的美感空氣」。似有似無，好像有，又好像沒有，好像要你認眞想，又好像沒有，時間感空間感**像詩一般的**（poetic）說著唸著。這種狀態的盤旋，很有機會呼喚出本來壓在底下藏在裡頭的那些眞心盼望、眞的需求。

用美感的引線，帶領聽者往前走

似有似無的美感空氣，像詩一樣的時間感到底是什麼？我們先來看看「似有似無的相反邊」是什麼！相反邊，那就會是**很意識的明確提問或質問**，像是，如果手稿裡使用的問句是：

「你的什麼情緒需要照顧？」**「最近你有忽略了什麼重要的東西嗎？」**「你要的到底是什麼？」「有沒有什麼事情特別要小心注意的！」

這樣的問句啊，表面上似乎很明確，但是，我們都知道，人生的提問都很難，**這樣問，問得太大問得太空洞**，因而無法眞的思索，**無法眞的找到心底的自己，甚至會直覺的**

想逃走想躲藏。

潛意識工作，為了能讓本來躲起來或被壓下去的內在湧泉得以浮現，我們會在某些地方幫助眼前正在集結力氣的生命，輕鬆一些。不用那麼用力想，不用皺著眉頭拚命努力，而是：「喔～這樣喔～ㄟ～那我也來感覺看看，聽聽看心裡的聲音囉～」這時候，就是「似有似無的美感空氣」來到的好時機！

來看看上面的這個問得太大問得太空洞的例子**「最近你有忽略了什麼重要的東西嗎？」**潛意識工作者會怎麼改上面這個，然後改成什麼模樣會有似有似無的感覺呢！來，像是這樣，先跟眼前的主角說：「我在想啊……等一下放一段輕音樂然後和你的潛意識說說話，或者，和你的心跳說說話……」然後，在音樂聲裡開始說：

「不知道啊，什麼好像被蓋住了，或者啊，什麼好像太重要了如果忽然拿出來看會嚇一跳那還是藏起來好了……不知道啊，會是什麼，只是拉出一個小小的線頭，心都還是會揪一下。所以即使是忽略也不是故意的吧，我們當然，沒有一定要現在看，說不定只是輕輕的用手指的指尖柔柔的碰一下吧……」

「似有似無」又帶著一點美感和詩意，潛意識工作者，**會說一些，但不說滿**；說一些，讓聽者的內在有一**條引線**可以往那裡走，同時又有空間有空隙可以生長出碰觸到屬於自己的內在，這就是似有似無的美感空氣。

美感，通常伴隨流暢的情感，而到底是想要引導去什麼地方，其實沒有真的設定疆界圍出籬笆，因此也沒有特別清晰的明說。從「美感空氣」的角度來看，潛意識工作者其實很像一個「藝術家似的心理學家」。

進階語法「不知道為什麼」

技法一的最後來看下頭這個哈克有意無意之間說出口的一段手稿：

「邀請你啊，閉上眼睛……來，找到一個屬於自己的畫面，可能是找到一個滋養的、被愛的畫面和時刻，可能看見那個時候的畫面，可能聽見心裡的那個人說出口溫暖你的一句話……**不知道為什麼**，小時候家裡很冰冷、爸爸媽媽爭吵很多的孩子，**不知道為什麼**，後來就會遇到一個很好很真心的老師；然後啊，如果運氣不好遇到的老師每一個都很嚴厲，**不知道為什麼後來就會**遇到好朋友；**如果沒有**遇到好朋友，**不知道為什麼有一天會**生下一個或兩個好~可愛的孩子，**不知道為什麼**，生命裡啊，會有那一個，被愛的地方，或是有愛的地方。」

年輕的諮商師聽到這個手稿的當天就忍不住這樣和我說：「哈克，這段語法很厲害哦！手稿裡把所有可能性都包含進去了，讓有共鳴的人都會連接到自己的經驗。這樣的句子也讓聽的人感覺到一種相信，如果自己還沒有想起，只是因為還沒有想起而不是沒有。」

呵呵，我自己現場即席創作說出口的時候，還眞的沒有注意到這一段手稿的美妙，是寫這本書寫下來的這個時刻才眞切感覺到這段話語的力道。

年輕的諮商師眞的挺有感覺，繼續往下說：「聽到這一段，當下的震撼感很像一個木樁一樣非常的有力道！因為有各種可能性，每一種可能性在說的時候都像是敲下木樁一次，『扣！扣！扣！扣！』，最後就打到底了，成為了一種相信或篤定。」

哎呀，形容得太到位了啦。讓這個選項有共鳴的人連接到自己，讓閉上眼睛但是還沒有想到的人持續的去感受、去連上那個曾經提供給自己愛的人。好啊，來簡單拆解一下這裡的thoroughness語法。

句型上，這一段是這樣的：**「不知道為什麼……如果……後來就會……；然後啊，如**

果……不知道為什麼後來會遇到……，如果沒有……不知道為什麼有一天會……」這樣的語法，是進階的thoroughness語法。

這個句型帶來的潛意識運作，很像是在東海岸冬天夜裡大大的天空底，抬頭一望，乍看之下似乎好像整個天空怎麼連一顆星星都沒有。可是啊，如果深呼吸一口氣，安靜下來，逐漸的適應了暗處光線的瞳孔隨著時間細細變化，會有一個剎那忽然在黑暗的夜空裡，眞的有一顆星星正在和你招手！如果啊，雲不小心跑過來遮住了這顆星星，不怕，我們不怕，來，再深呼吸一口氣，欸~忽然又找到了另外兩顆好美的星星！！於是啊，**如果沒有這個，會有這個，如果錯過了那個，後來會眞的遇到那個**。

這裡重複盤旋的「不知道為什麼」來到第二次第三次時，好像會帶來一種穩穩的對天地的相信和敬意。這個相信叫做：即使冬天的夜空再黑再暗，只要帶領人的內在夠安靜夠遼闊，逐漸帶來正在生長的安心感，那麼，我們終將遇見那顆明亮的星星。

技法三：「進去裡面調一調」

潛意識陪伴工作有一個強調巧勁的特點，可能是因爲發展源頭的催眠特性，潛意識工作的陪伴者可以選擇**主動的**提供各種積極的**靈巧的幫助手法**。

相對於不少其他傳統大學派的純粹聆聽概念（像是空白螢幕似的存在），潛意識工作似乎**比較調皮比較愛玩比較東想西想**一起幫忙找出路！調皮的愛玩的東想西想這裡猜猜看那裡碰碰看，這樣的狀態，哈哈，真的是空白螢幕的相反邊啊。

潛意識的某些作法，實在是很像是手搖飲料店精采的「加料」設計。想像一下，去飲料店點了一杯去冰蕎麥，挺健康沒有負擔；然後啊，點了一杯去冰蕎麥茶加上很臺灣味的粉條～哈哈，那快樂的微甜感不知道爲什麼好像讓這個夏天都舒爽了起來。當然，潛意識工作精采的不只是加料，而是「爲主角量身訂做加個什麼料」。

這些年，有人形容敘事治療把心力專注的放在重新看待舊有的自己，然後爲生命找到新的自我認同，說不定有點像是老屋翻修；潛意識工作的哲學觀跟做法都和敘事治療不太一樣，在潛意識工作中似乎比較像是：

「**找到**舊房子地下室裡的地熱源頭、沿著屋後水管入口往山坡上**定位**了湧出的泉水的水文走向、帶著微笑**挑選**了頂樓天窗的木頭窗花，然後，走出門口，在小溪邊大樹旁重新**搭起**一個新的家。」

上面這一段用隱喻來形容搭起新的家，裡頭有三個潛意識工作的特點：

一、地下室裡的地熱源頭，說的是在陪伴的過程裡試圖靠近一個生命的熱情渴望和自然的呼喚力量（calling）；

二、山坡上定位了湧出的泉水的水文走向，說的是每一個生命獨特的灌溉滋養路徑，有些人需要歡樂多一點，有些人需要獨處多一點，有些人需要獨處在歡樂的後面多一點；

三、帶著微笑挑選了頂樓天窗的木頭窗花，這裡說的是特別重視去看待聆聽一個生命的盼望、想要、他正在眺望的未來風景，像是窗花似的，拿著色鉛筆細細勾勒，握著砂紙細細磨出彎曲的內裡和線條。於是，天光和月光透過窗花照進來，就有了美麗的形狀和模樣。

上面這段隱喻形容描述裡，你可以從使用的四個動詞，**找到**、**定位**、**挑選**、**搭起**，就感覺到陪伴者那一份主動幫忙的狀態（除了主動幫忙的心意之外，也透露出鼓勵主角進入啓動內在動能的好狀態）。這些**主動的東想西想一起幫忙的手法**，都是屬於技法三「進去裡面一起調一調」，其中包括了這個篇章的四個手法：

手法一、「VAK自我微調系統」，視覺聽覺觸覺的介入。

手法二、「慢動作特寫鏡頭的輸入」，立體飽滿發生在這裡。

手法三、「建造自我參照系統」，讓想改變的人有了更個人化的覺察根據。

手法四、「rather 其實比較想 more than 不只現在這樣」，教導被陪伴者可以為自己習慣的念頭去主動添加新路徑。

這幾個主動性特別偏高的手法，在合適的時機裡，常常能夠帶來主角明顯的移動和變化，我們來一個一個學習起來。

1 VAK自我微調系統

接下來我們來看看很好玩也很容易上手的潛意識介入手法：VAK知覺管道的主動介入手法。V（視覺）A（聽覺）K（感覺），這三組最大塊的知覺分類，在潛意識工作裡，我們常常會直接用「VAK知覺管道」這樣的語言來說。如果能夠掌握「不同的知覺管道」之間的交互作用，常常能夠**很有力道的**協助主角**挖通內在資源的渠道**，進而讓資源更順暢、更好呼喚、又更飽滿的提取。

上面那段的句子，「不同的知覺管道之間的交互作用」，哎呀，這個描述句有點偏學術，比較不好懂，所以啊，我給了一個可愛的日常語言翻譯，叫做**「進去裡面調一調」**。

「進去裡面調一調」，是什麼意思呢？不知道你有沒有喝過香港的夏天常民冷飲「鹹檸七」，取出一年多醃製過的鹹檸檬，切薄片或者很大氣的直接對半切，然後加入冰涼的七喜汽水或雪碧，然後，關鍵時刻來了，拿吸管或筷子戳一戳鹹檸檬！然後，再戳一戳！

哎呀，那時間釀製的鹹酸感和冰涼又甜滋滋的汽水在大大的玻璃杯裡跳起了華爾滋～好喝到沒有辦法停止。

這樣的「輕輕的戳一戳」、「然後，再戳一戳！」，就是「進去裡面調一調」，也就是讓不同的感官和知覺產生你儂我儂、一起互動、一同工作。進去裡面調一調，我們首先來看這個**經典手法「VAK自我微調系統」**：

聚焦一個知覺管道去改變內在

來直接看下頭這個我珍藏了十二年，精采極了的隱喻。那是一個午後，一位大學剛畢業的芳療按摩師，在細細的讀了我書裡的隱喻故事之後，興奮的跟我說那個他心裡忽然看見的自己：

「我啊～看到好鮮明的一隻小鹿！那是住在靠近草原邊際的一隻小鹿，牠的毛有時候是黑色有時候是白色，小鹿的毛軟軟的蓬蓬的，有天，準備要離開熟悉的世界，想要去探險，一邊**扭著**短短的尾巴和屁股，一邊**咚咚咚**的要出發～」

哇～我一聽心裡立馬看見了一隻好可愛好生動的小鹿，而且，剛剛那短短的描述裡，竟然已經包含了動作K（**一邊扭著短短的尾巴和屁股**）和聲音A（**一邊咚咚咚的要出發～**），我啊，充滿興味的跟著主角的隱喻往裡頭走去，我說：

「剛剛講的那隻小鹿啊，毛很蓬，很軟，我在想啊……這個很蓬很軟的毛，應該會不會不是隨便可以給人家觸碰的，所以啊，我偷偷的猜，會不會……是在很安全很舒服的人到來的時候啊，牠會最～蓬、最～軟。

你知道嗎，我會這樣說是因爲，一個人最可愛最美好的樣子，其實不是從早到晚都這樣子蓬蓬的（主角聽到這裡猛點頭，似乎是整個人飽滿的跟進來了）。不知道，如果是音階do re mi fa sol，你心裡面如果有一個音階往上走，不知道，**到了**哪一個**音階**的時候，**說不定也是最安心的時候**，牠會**最～蓬**①、**最～可愛**呢!?」

♥**哈克說明：**

①「最～蓬」這裡，唸的時候記得是拉長音～哦！

閉著眼睛，俊俏的大男孩眼睫毛眨呀眨，不到三秒鐘忽然開口用明亮的聲音說：

「Do！是再高一個音階的Do！do re mi fa sol la si ～ Do的Do！」。

「哎呀！再高一個音階的Do欸！這樣**毫無懸念直接跳出來的訊息**，而且還不在我本來提供的五個音符裡！那，這～百分之百如假包換是潛意識給的直接訊號了！來，你來**自己唸你的音階**，然後自己**蓬～**一次給我看。」

「do re mi fa sol la si ～ Do……」主角一邊念著音階，閉著眼睛清晰的看著小鹿那白色的毛，一邊感受毛的蓬鬆和柔軟，在唸到高一個音階的Do時，小鹿那白色的毛**瞬間變得超級蓬**，比原本的毛蓬了大約一．五倍呢（主角的雙手模擬著小鹿的毛，高音Do出現的剎那，雙手瞬間打開，毛剎那間蓬開了）。

哎呀，眞是太好玩了。我們來倒帶一下，細緻的感受這個經典手法「VAK自我微調節系統」的建造！概念上，我們**輸入了新的變數**A（**聲音／音階**），帶來了更飽滿的V（視覺畫面，蓬起來的畫面）和K（身體觸感和情緒感覺，蓬蓬鬆鬆、舒服感）。用箭頭來表示會是：

進去調了A（音階）

V1（原本的毛）→ V2（毛瞬間**變得蓬蓬的**）
New K（**蓬蓬鬆鬆的感覺**）

概念上，我們可以輸入任何的新變數，包括視覺V、聽覺A、和身體感覺K都可以，而跟隨而來的飽滿變化常常驚豔了主角！

「哈克，我在想，do re mi fa sol去唸這個音階，是不是很像是一個**開關的暗示**？當我芳療工作下了班很累，但**希望能柔軟的擁抱那個**來開門迎接我的人，我是不是可以練習在家門口進門前深呼吸，然後自己在心裡默念 do re mi fa sol la si……Do！這樣常常多多練習，就有機會真的蓬鬆和柔軟了！」

「呵呵，對呀！真是聰明的孩子啊。」不知道讀到這裡，你有沒有發現，如果我們心裡有了這樣的「柔軟的開關」，那就可以**更有控制感的微調了**呢！

於是啊，遇見工作上需要小心點的人，我們**可以微調成比較不蓬**（sol fa mi re do倒著從高音往低音這裡調整），因而擁有了**必要的謹慎和小心注意**；反之，如果即將遇見可以安心相處的好朋友或是愛的人，我們可以**更有控制感**的擁有**盼望的美好狀態**，進而活出眞心想要的流動和喜悅。

建造**「屬於我的隱喻微調系統」**眞的是容易操作又很實用！這些年來很多學生問我：「哈克，爲什麼改變內在的隱喻畫面，我們的生活就會跟著改變？」那是因爲啊，內在的隱喻畫面，就很像是我們心裡的一份地圖，當指引內在的心中地圖變化了，接下來的行爲想法和感覺，都很有機會跟著變化。

以上頭這個毛蓬蓬的小鹿爲例，每一個音階往上一階（do re mi fa sol），小鹿的毛就多蓬一點。在這裡，我們進去微調了音階（A聲音），於是帶來了體感（K）加上視覺（V）的變化，這裡的具體的一個一個音階，正好就是「隱喻的微調系統」。而毛多蓬一些的這個內在地圖畫面，很有機會可以讓主角的內在更安心、更柔軟一些。

再以看板故事二裡的「心地柔軟的小小機器人」爲例，本來主角的內在因爲「手邊的學生個案多到故事們都湊在一起」而亂亂的心情，哈克用了**機器人手臂卡卡喀喀喀**的隱喻來呈現，然後又輕輕巧巧的在隱喻故事裡幫它加了潤滑！這樣的潤滑，就是百分之百的**「VAK微調」**！這麼一調，主角的內在地圖跟著潤滑了流暢了，於是有了主角後來說到的改變：「工作起來變得很穩定、很順暢，移動起來很絲滑，不會太快也不會太慢。」

我們來看看下頭的另外幾個隱喻地圖變化微調的實例：

多喝一口清涼的溪水，小恐龍的心就多溫暖一些。（味覺→身體溫度）

小鳥每唱一首歌，鵝黃色的月光就進來心口多一點點。（聲音→顏色和體感）

天上啊好多可愛的小星星，小星星眨一下，小兔子的胸口忽然安心了一些，又眨一下，好有意思哦，又多安心了一些呢，怎麼那麼好。（畫面→內在情緒）

讀到這裡，你是不是和我一樣感覺到潛意識工作的有趣好玩～如果學會了輸入不同的視覺、聽覺或觸覺，那麼，你可以想像接下來的人生會有多好玩嗎！

2 慢動作特寫鏡頭

我猜，你和我一樣很難忘記上一篇那隻好可愛的毛很蓬很軟的小鹿，在音階帶來的更飽滿的蓬蓬毛之後，我又開心又有點興奮的，繼續跟著主角的隱喻往裡頭走去，我說：

「我在想，我們要不要再來玩一個東西，來**多玩一點伸展臺遊戲**～我在想，因爲小鹿那個毛的顏色可以有黑色也可以有白色，不知道是哪一種配樂或者是哪一個華麗的轉身的時候，牠會變成另外一種顏色，或者是哪一種舞步、搭配什麼樣的音樂的時候，牠會變，嘿～就白色！或者，喔～就會變成黑色，我們來觀賞它變化的那個……可能在伸展臺上或者是一個木平臺，或是在一個很平很穩的大石頭上都可以。」

年輕的芳療按摩師大學讀的是東海大學，明亮的眼睛眨呀眨，想起了距離東海地標路思義教堂不遠的大草地旁，有一個大大的木頭平臺，那是他心裡出現的伸展臺畫面呢！他說：

「在大大的木製的伸展平臺上，**轉身的時候**，小鹿就會很容易變色，然後有時候還會變不完全。就是不同黑白的組合，可能線條啊、可能暈染啊，點點啊～好好玩喔，我看見的是，**轉身的時候**牠就會變化。」

「那……來，你用手比比看怎麼樣轉身，然後變成怎樣，就是**有一點好像慢動作展示**給我們看一下，在這個大大的木頭伸展平臺上。」

「它就這樣走走走走，**轉身**，然後一**個～滑步往前**，再～接一個轉身，再往前這樣走和轉身……然後每次轉身顏色就會變來變去啊……」主角一邊說一邊在此時此刻出現了非常生動的表情……

「好生動的表情喔～你現在是害羞還是得意？」我好奇的跟著。

「害羞啊～覺得很恥，恥度很開。」（主角事後補充說：那是很不習慣展現給別人看的自己，有點不顧別人的眼光，有點三八。）

「好可愛喔～很好看耶～走走走然後就轉身，然後再滑步。滑步，嗯，那……是有一點點**華麗**嗎？還是有一點點像**伸展開來**、或者好像有點**放開來**!?」（我好奇的想把「外在動作畫面」連上心裡可能的「內在盼望」。）

「有點像**放開來**。」（主角的聲音逐漸往內在走，聲音雖然不大但很篤定。）

「有厚~滑步其實是一種極致的動作，有一種伸展到一個極致疆土的地方去，也可能有一點像從現在延伸到未來。」

「身體會**比較打開**。」（主角邊說邊自己點頭，像是和自己的內在確認了。）

「嗯，打開。打開就跟遼闊更靠近了。**現在，來，我邀請你啊，在自己心裡的伸展臺上，轉身，然後再滑步一次，特別好像慢動作的轉身、滑步……**」主角安心的閉著眼睛，在心中動態的畫面中感受變化，一次又一次的，走，轉身，滑步~；走，轉身，再滑步~~體會著或正**感覺到自己的身體，在一次次演出之中更加打開**。

這裡！太精采了！來說說「伸展臺上的轉身滑步」這個停留選擇。隱喻畫面裡，如果出現了像轉身和滑步這樣，動作偏大的舉動，常常可以帶來生命疆界的更打開，或是開展出新的可能性。

滑~轉身~滑步出去~眞是精采！不就是明顯至極的practice、rehearsal嗎！生命的轉身翻面（可能是生涯方向或是關係的變化）、生命的滑步出去（可能是更透徹的伸展自己的天賦），這些都好傳神的在心裡練習著、預先演練著、來回重複預演著。

這樣的預演練習時刻，陪伴的人常常不需要刻意做些什麼，只需要很單純的在主角說著滑步~轉身~滑步出去~的那個時刻，單純的用發出的聲音「哇~喔~~」，使用欣賞的、讚嘆式的聲響來表達，就超完美了。

主角後來補充：過了幾個月，主角讀了這篇文字的初稿之後，這樣和我說：「這一段文字正好是我想跟哈克說的耶，小鹿的隱喻在我最近生活體驗裡的發現，眞的像是一種預演／預言隱喻，我內心是非常驚訝，之前隱喻與我之間的關係，比較像是反映當下最眞實的樣子，或許是這幾次哈克的陪伴都帶著我去看未來景，隱喻畫面變成整個就是預演／預言啊～」

這一段主動的介入裡，使用了潛意識工作裡很美妙的隱喻手法二：「慢動作特寫鏡頭」，我們一起來看：

小鹿的毛，會變色，是V，視覺感。

小鹿的滑步和轉身，主要是K，偏身體動作感。

語言使用上，慢動作特寫鏡頭的主動介入發生在這一段：「現在，來，我邀請你啊，在自己心裡的伸展臺上，轉身，然後再滑步一次，特別好像慢動作的轉身、滑步……」

概念上，把K（身體動作元素）當作**輸入變數**，來看看主角的內在會不會有相對應的不同反應。**而手法技法上，是透過邀請主角閉上眼睛，在心裡像是使用慢動作特寫鏡頭似的觀看自己**或者是**直接演出自己**，因爲慢動作，所以能更活跳跳的**更有時間空間的，讓潛意識的流 流～進來！**

因爲有了特寫鏡頭，所以，本來可能被快速掠過略過的珍貴細節，就 被 我 們 一 起看見了！因爲一起看見了，這個可能是即將越過生命疆界的新可能，被珍惜的留下來了。

這個技法「慢動作特寫鏡頭」，在我的博士論文中也出現過，那是我尊敬的前輩創作的隱喻故事「拉弓射箭」和「乒乒球來就擋」裡頭，有非常純熟的操作和呈現。上頭的小鹿伸展臺上的滑步轉身的做法，很有可能就是我不知不覺從充滿智慧的前輩身上學習來的。

記憶中，那是協助一位在社交情境中會辛苦焦慮的個案，心中慈愛飽滿的前輩使用了兩個經典隱喻畫面，下頭是我存在心中的第一個「拉弓射箭」的故事：

在一個好靜好靜的夜裡，像是……拿起箭，拉拉彎弓，咻～啾～射出去，然後，咚！射到靶紙上。因為**專心的瞄準著，拉著彎彎的弓，聽見自己的聲音傳出去，想問對方的問題像是一支箭一樣咻～啾～射出去，咚！停在對方的靶紙上**。然後，再來一次，取箭，拉弓，射～咚！這麼一來，呵呵，常常就沒有時間忙著擔心焦慮別人怎麼看我們了啦！

會緊張，常常是因為我們的眼光，容易聚焦在別人怎麼看我們，所以緊張有了長大又長大的肥沃土地。所以啊，關鍵在這裡，如果可以把眼光移動一下移到對方那裡，緊張就會失去長大的土地。移去哪裡呢？眼睛一旦望向對方，咚！就停在那裡。

咚！停在對方的身上，**不再想他會怎麼看我**想我，而是，**單純的，咚！目光停在對方身上，好奇著他這個人，好奇著他有什麼**優點長處？好奇著他哪裡好玩有趣？好奇著他怎麼會那麼享受騎腳踏車、那麼愛爬山。咚！就停在遇到的人的身上那裡。

這些年，我只要一有機會，就會借用這個故事。常常，眼前的在人際議題上辛苦的孩子，會聽到入神，然後眼睛半閉著，眼睫毛眨呀眨的，像是在心裡演練著預演著剛剛我說的，拿起箭，拉拉彎弓，咻～啾～射出去，然後，咚！射到靶紙上。於是，**新鮮上架的好奇，輕輕的穩穩的取代了原本固著的習慣焦慮**。

接下來，第二個是「乒乓球來就擋」的故事：

閉上眼睛，讓自己……或者是看到，或者是自己正在打著乒乓球……感覺打球的韻律，看著那顆球，右邊然後左邊或者是前面後面，讓它『來就推、來就推』，同時，說不定也會聽到乒乓球的聲音『ㄅㄛ ㄅㄛㄅㄛ！ㄅㄛ ㄅㄛㄅㄛ！』……感覺自己的手，說不定整個身體都正在打球，看那個小白球跑來跑去過來過去，看著它，『**來就回、來就回**』，感覺到那個韻律，讓自己的身體完全全地融入，**對……整個融入那個感覺**，讓它來來去去，也很可能是左右左右，**有時候彎低身體，有時伸長手臂，聽著乒乓球的聲音『ㄅㄛ ㄅㄛㄅㄛ！ㄅㄛ ㄅㄛㄅㄛ！』，很好……跟著它，對……很好**。

說不定看到這裡，關於這樣的主動性介入，你的心裡已經快要懂了～～～對！三個故事，小鹿、拉弓射箭、乒乓球，都是走下頭這個ABC流程：

A：**先架景**（伸展臺、**在一個好靜好靜的夜裡**、和人互動像是打乒乓球）

B：**慢動作特寫鏡頭**（再一次感覺～轉身～滑步、**咻～啾～箭射出去 咚！射到靶紙**

上、球來~打回去）

C：**直接使用身體動作**（加畫面又加聲音）來讓改變更儲存進身體裡。

小鹿：走，轉身，再滑步~體會或正感覺到自己的身體，在一次次演出之中更加打開。

拉弓射箭：眼睛一旦望向對方，咚！就停在那裡，讓好奇一次次的取代緊張不安。

乒乓球：有時候彎低身體有時候伸長手臂，聽著乒乓球的聲音，讓人際互動更自然順暢。

很好玩厚！翻到下一頁，更好玩的要來了~

3 自我參照系統

在陪著小鹿走過滑步的慢動作演出之後，像是玩完遊戲或做完瑜伽後的大休息時間，我接著說了下頭這一段大約十分鐘的隱喻故事引導冥想：

不知道該往哪裡走？看看尾巴指向何方

這隻小鹿，牠其實很喜歡草地，牠也很喜歡土地，喜歡腳趾頭或腳掌碰到土地的時候，可能是沙子，也可能是泥土，說不定是小石頭，也可能就是綠草如茵。這隻小鹿，牠其實有一個地方，有一個很可愛的，之前沒有被說的特別清楚的地方，就是牠的尾巴。

來，來看看牠的尾巴呦！**這個尾巴很特別**，**不知道是很會甩還是很會擺還是很會動還是很會移動來移動去的**。因為尾巴厚～尾巴很好玩，尾巴移動的時候並沒有在力量上影響身體的前進方向，主要是腳走去哪裡才會影響方向，尾巴搖來搖去的時候怎麼搖其實沒有影響行進的方向。

但是呢，不知道爲什麼，這隻小鹿的尾巴啊，很像指南針，或是指北針一樣，它好像本來有一個名字是跟天上的北斗七星或者跟船上的羅盤有關……嗯，這個尾巴如果指向西南方，你會看到一條帶著箭頭的直線，從西南方的尾巴的位置連到心臟的位置再連到前方往外的方向，好像在說：「來往那裡去好呢！」

所以啊，當小鹿的尾巴往西南方擺去的時候，它其實就在跟這隻小鹿說：「你啊，往東北方走去會很好哦～」，這可愛的尾巴呢，如果擺在南方，就是正在說：「繼續直直的往北方前行走去，會遇見剛好的挑戰和溫暖哦！」

那，如果尾巴往東南方擺一擺，那就是在傳達：「大西北啊，雖然感覺沒有像其他方向那樣熟悉，同時，那會不會正好是這個生命的季節，很適合你去迎接自己眞的綻放的地方喔。」

所以啊～你可以去感覺，下一次啊～當你遇到不知道走去哪裡比較好或比較好玩或比較可以更讓力量施展的時候，你就**可以去看尾巴怎麼擺就好，不用很認眞很辛苦的問來問去**。就只要看著尾巴說：「嘿！尾巴！擺一下讓我知道好嗎～」，然後看尾巴往哪裡擺，喔~這邊喔，好，那我們來試試看這邊。

所以啊，生命的方向開始有了一種，**叫做……「我，來走走看，我，來用我的腳踩踩看踏踏看，來眞實的感覺這個方向」**。於是啊，每隔一段時間就可以歇歇腳停下來，看看尾巴，你就可以聽懂它的聲音和指引，看向它，於是更著地的懂了自己。」

主角後來補充：主角在和哈克談話之後謄了自己的小鹿逐字稿，同時也珍貴的記錄下自己當時的心裡話：「哈克這裡說的『**不用很認眞、很辛苦的問來問去**』，眞的有戳到我的內心。前一陣子決定自己的生活要邁向輕盈，眞的就不想要所有的事情都像翻越一座大山一樣的辛苦，有時候就想要去享受生活裡的鬆與輕。」

我慢慢的輕輕的往下說：

「有些時候，很好玩喔！**尾巴的方向，會跟毛蓬蓬的程度搭配在一起跟你說話，ㄟ~這個方向可能不錯喔**~而且好像**又挺可愛挺**安全的喔。

然後啊~**不知道合不合適**，因爲剛剛一開始的時候你好像有提到畫面裡還有另外一隻小鳥，那隻小鳥，要~站在哪裡比較好呢，**如果那隻小鳥也可以來這個世界一起**，一**起**參

詳（臺語的商討之意）一起討論或一起玩耍啊～

你覺得那一隻小鳥啊，要讓牠在樹上還是石頭上，還是在小鹿的肩膀上，還是……有沒有合適的地方？」

「站在靠近臀部的位置。」

「哈哈哈哈，好落點！非常好的落點！那應該是這隻鳥的生涯最佳落點！咖噌邊（臺語：屁股邊）。如果啊，這隻小鳥會跟小鹿的尾巴說話，牠會說什麼？」

「我幫你倒看（臺語：我幫忙你一起看）。」

「尾巴應該是會回答喔～**它怎麼回答**。」我微笑著跟著。

「賀啊，滿樹拜透（臺語：好啊，萬事拜託）。」

哎呀！母語如此順暢的來到（閩南語的：我幫你倒看、滿樹拜透），通常透露著，故事的主角很放鬆的正在吸收和喜歡自己正在看見的隱喻畫面，真是太好了。

主角後來補充：幾個月之後主角這樣說：「重看一次隱喻故事的引導冥想這一段，挺感動的，像是又再一次收下哈克給的禮物。感覺到在生活中擁有一個參考指標，尾巴＋毛蓬＋鳥，就具備了更完整的參考標的，下一次迷茫、下一次懷疑時就不用那麼害怕了～」

什麼是自我參照系統？

接下來，我們來倒帶拆解一下這個經典隱喻故事引導冥想，品味一下內裡的精華。概念上很簡單易懂喔！當我們在心裡看見自己像是一隻小狐狸、小松鼠或是一朵茉莉花，這個隱喻畫面就提供了絕佳的**自我參照系統**（self-reference system），意思是：**我們可以透過觀看心裡的隱喻畫面**（**特別是自我認同隱喻畫面**），**來覺察當下最活跳跳的自己**。

如果心中出現的隱喻是一隻**小狐狸**，閉上眼睛，心裡看見了小狐狸的皮毛發亮，很可能傳達了內在的能量充沛；而當小狐狸毛色黯淡無光然後遠方天空烏雲密密，可能說著，哎呀哎呀~怎麼那麼難，哎呀又難受起來了。

如果啊，看見心裡的自己是一顆**小小的礦石**，嗯，一天結束的時候，來回顧一下這一天，閉上眼睛，忽然看見了小小的礦石上閃亮了一抹金黃亮光！呵呵，哦~~~懂了，這一抹金黃亮光，正透露著，今天這一天在生活中，真的創造了一些快樂時光呢！

向自己的隱喻提問

這個「先覺察創造、後使用」的手法，是在心裡先發現先找到屬於自己的「隱喻自我參照系統」，然後在日常生活裡直接取用。在上頭的短短十分鐘的隱喻故事引導冥想裡，小鹿的尾巴，是很經典的**自我參照系統**，而且明確的聚焦在前行的方向上。透過單純的觀看，就可以懂了有了自己可以嘗試的可能方向。拆解其中的內在歷程，會很像是這樣：

「哎，最近不知道該把力氣投入哪裡才好？」心裡有個煩惱有個不確定。

「啊～對了！可以來看看小鹿的尾巴呀！」嗯，來用我的自我參照系統。

「來，閉上眼睛，邀請小鹿來到，嗯……欸～來了耶！太好了，喔～小鹿的尾巴往西邊這邊呀，嗯，那從西邊連過來心這裡再往前伸，那就會是東方，嗯，喔，我往東方看看，嗯，東方的天空顏色偏橘紅色，什麼意思呢!?……啊，橘紅色的天空是溫暖的顏色，我知道了，潛意識在跟我說，多投入一些力氣在溫暖身旁重要的人，讓自己的生命再偏橘紅色一點再更溫暖一些。哎呀～太好了。」

當我們能夠觀看心中的隱喻畫面，特別是像這樣獨一無二的**自我參照系統**，我們得以覺察這個季節這個當下，最真實的自己。於是，我們除了問神問朋友問有智慧的前輩之外，**我們終於有了自己可以問。**

自我微調系統 vs. 自我參照系統

工作坊的現場一位很用心學習的學員這樣問我：「哈克，自我微調系統和自我參照系統有什麼不同？」

嗯，這一題問得很棒！我這樣回答：

「自我微調和自我參照差別是，自我參照系統很像是心中的一個溫度計或羅盤，它可以拿來幫忙做判斷，對於未來的處境也可以幫忙做選擇；而自我微調系統是拿來照顧自己讓自己更安穩的好好活著，透過VAK的微調，讓自己感覺到『我對於我的情緒不是毫無把握毫無控制感的』。

自我微調的用法就好像是當你覺得自己的心情低低的，然後你覺得我現在如果去沖個澡洗刷一下自己會很好，於是進到浴室時把蓮蓬頭打開，你知道你要調溫度、調水量，欸~調水量大一點，溫度低一點點，啊~~就舒服的暢快的沖洗了，那就是微調，調讓自己更舒暢的水量、水溫就是自我微調。

那自我參照系統呢，比較不是調水溫調水量，而是『啊～我知道了，我現在最適合做的選擇不是躺在床上滑手機，是**去洗澡**！』於是，做出了這個時刻貼近自己盼望和需要的選擇。」

4「引入，帶出」的運作

關於潛意識工作的「主動性介入」這個特點，這一篇，我們來透過潛意識工作的發展源頭之一的**「催眠」**這個主題，來更往裡面走去再懂多一點。

陪伴心理學，最專心投注心力的是**人與人之間如何可以親近**。而人與人之間的親近關係，和數學很不一樣。數學，有公式，也有標準答案；而人和人之間的親近關係正好是相反：**沒有公式**、**沒有定律**、**也沒有標準答案**。

但是幸好，人與人之間的親近，會有很多好答案，甚至是美妙的答案。潛意識工作，有不少輕輕巧巧的工具陪著我們找到這些美妙的好答案。而**催眠，是其中很精采的一種**。

簡單的催眠暗示可以是這麼簡單的一段和自己說說話：

「親愛的自己，我今天想來和什麼樣的自己說嗨~呢……可愛的自己嗎？安靜的自己好嘛~頑皮的好玩的自己說不定挺好呢！親愛的自己，最近壓力不小，咱們來記得深呼

吸吻～～特別是長官心情不美麗的時候，輕輕的深呼吸，不讓長官同事發現的深呼吸，同時，讓自己的心跳可以和聽老王樂隊一樣舒服，讓臉部的肌肉表面上看起來很專注，其實很休息。」

透過催眠，將自己帶往「美」的面前

人和人之間的給愛和收愛，常常沒有發生在同一個時空。當給愛和收愛正好發生在同一個時空，那眞的就是天堂。我們偶爾會運氣很好正好遇到天堂，而另外一些時候，天堂離我們特別遠，這個時候，透過催眠暗示的學習，我們很有機會**把自己接收愛的入口變得更光亮又更通暢**，這樣，滿足和喜悅的時光可能會更日常的來到。（我在工作坊的現場講到這一段，常常會說：「我們啊，來想辦法靠近天堂近一點，但是，許願可以晚一點去。」）

經過三十年的體會，我發現，情感上，催眠其實是**把人帶到「美」的面前**，帶到**生命的「可能」的面前**。以宋朝的一句詩文爲例：「……記得綠羅裙，處處憐芳草。」這句詩文的意境，在我心裡的畫面是：

……我深深的記得妳的美麗妳那綠色的裙子飛揚，於是啊，後來的歲月裡，每當我看到綠色的草原搖擺的嫩綠，思念妳啊，是我……

於是啊，在沉吟一首詩的催眠時光，當一個人搖頭晃腦的在秋風裡唸著：「記得綠羅裙，處處憐芳草」，唸著搖著～突然，來了一個好裡頭的深呼吸，那是因為**在詩意的美感經驗裡，意識常常會自然且甘願的退位**，而綠色草原帶來的「**引入**的聯想的那一份思念的美」，那一份再次想念的可能，就隨著深呼吸而完整的有了天地之間的位置。

這些**可能**，這些**美**，或者說這些**潛意識資源**，在催眠語法的引導裡，在潛意識工作柔軟又遼闊的聲音氛圍裡，透過**「引入」和「帶出」**的內在運作機制，把原本在好遠好遠可能本來摸不到找不著的好東西，忽然，可能一秒鐘之內，就已經在呼吸和心跳裡飽滿的存在了。

這，也是為什麼催眠常常和隱喻一起使用的原因，為的是透過隱喻的聯想去「引入」和「帶出」原本在好遠好遠摸不到找不著的那些其實現在好需要的東西。在哈克的第九本書《陪伴心理學》裡頭，有一個在街角轉角處用鐵桶烤蕃薯的阿伯的故事，那是童年真正的記憶，也是後來想要呼喚「陪伴的溫暖氛圍」的時候，會引入和帶出的「隱喻聯想媒介」。

怎麼說呢？怎麼做呢！哪裡可以**引入**，哪裡可以**帶出**呢！

當我想要呼喚「陪伴的溫暖氛圍」的時候，我會閉上眼睛，然後打開心裡的眼睛，**來一個深呼吸，然後啊……從心裡的眼睛看見轉角處的那個熱熱的鐵桶（這裡就是引入），香香的金黃色的蕃薯，雙手帶著厚厚的棉質手套的阿北……**哎呀，又來了一個深呼吸，然後啊……連上了溫度、陪伴的暖意氛圍來了，剎那之間，暖暖的香香的感覺整個在此時此刻的身體裡飽滿的存在了（這裡就是帶出）。

在前面幾篇的文章裡，小鹿的故事裡有三段內容，正好也是很精采的引入和帶出。首先是**小鹿在木平臺上「滑步～轉身」的慢動作**，在引入與帶出裡，重複的預演接下來人生可以擁有的新展現；第二個是**小鹿接下來的「音階do re mi fa sol」**；第三個是**小鹿的尾巴指引方向**。下頭分別呈現這三個例子：

木平臺上的「滑步～轉身」

引入：邀請主角閉上眼睛，看見感覺心裡的小鹿的腳踩在木平臺上。

帶出：主角安心的閉著眼睛，一次次的，走，轉身，滑步～；走，轉身，再滑步～～

體會著又正感覺著身體心裡在一次次演出之中更加打開。因爲練習了預演了更打開這個動作，很直接的就打開了生命的可能性。

讓毛瞬間變蓬的do re mi fa sol la si Do

引入：哈克對主角說：「如果你心裡面有音階do re mi fa sol往上走，不知道到哪一個音階的時候，說不定也是最安心的時候，牠會最～蓬、最～可愛呢!?」

帶出：閉著眼睛的主角眼睫毛眨呀眨，開口用明亮的聲音說：「Do！再高一個音階的Do！⋯do re mi fa sol la si Do的Do！」主角一邊唸著音階一邊感受毛的蓬鬆和柔軟……在唸到高一個音階的Do時，小鹿白色的毛瞬間變得超級蓬。

小鹿的尾巴指引方向

引入：心裡有個煩惱有個不確定，「哎，最近不知道該把力氣投入哪裡才好？」嗯，來用我的自我參照系統：「啊～對了！可以來看看小鹿的尾巴呀！」

帶出：「來，閉上眼睛，邀請小鹿來到，嗯……欸～來了耶！喔～小鹿的尾巴往西邊這邊，嗯，那從西邊連過來心這裡再往前那就會是東方，嗯，往東方看看，東方的天空偏橘紅色……啊，橘紅色的天空是溫暖的顏色，潛意識在跟我說，多投入一些力氣在溫暖身旁重要的人～太好了。」

小鹿的尾巴這樣的自我參照系統很好玩的地方是，第一次嘗試可能是陪伴者帶著主角去觀看尾巴的擺動方向，而後來，主角可以在生活裡，自己呼喚出內在小鹿的畫面，就可以懂了自己這個季節嘗試的好方向呢！除了小鹿的例子之外，我們來看看下頭這幾個生活中的實際小例子：

打開那個淡紫色的耳機盒

「小女孩的眼睛啊，看到桌上那盒淡紫色的耳機盒，打開盒子，拿出藍芽降噪耳機（**引入**），戴上。瞬間，耳畔的聲響降爲微弱的波動，彷彿來到一個安全、舒適的自我空間（**帶出**），可以安心、放鬆而專注的做那些自己想做的事情了。」

背後那隻很沉穩的游過的鯨魚

「那次工作坊的小組練習，大家練習找到安心的隱喻，夥伴在使用嗨卡的過程，幫我找到了一隻鯨魚～就是在紅花卡裡，那張在深海中一隻鯨魚很沉穩的游過的剪影。練習的最後，小組的夥伴問：『想把這個找到的安心隱喻（鯨魚），放在哪裡呢？』，我說放在背後，脖子的位置（引入）。

然後啊～原本覺得這只是一個練習，但是我發現在我跟人交流，像是陌生人或不熟的人，閒聊時一個話題結束想不到下一個話題或在小組練習中，主角講完了一段話，但是我想不到要回應什麼或接下來要怎麼問問題時，**那隻鯨魚，會從我的後頸跳到我眼前！**（潛意識自動帶出）彷彿那張紅花卡忽然大大的出現在我的視線正中間那樣，**還會聽到鯨魚低沉穩重的聲音**。當那個畫面出現，我就知道，我太緊張了，要放輕鬆～鯨魚來提醒我，不要急～放鬆……我就在這樣的情境中，安心了～好美好美又好有力量呀！！！」

紅白相間的大陽傘

「有一陣子，我正處於在人際關係的風暴中，那時公司有位長官常常想把我的聲音給『壓落去』。正巧，那時參加哈克的工作坊，受邀做了一個示範：我的心裡跳出的畫面**（引入）**是坐在一**艘透明的小船上，小船上竟還插著一把紅白相間的大陽傘**。總覺得有它遮陽，很舒適、很安心。

事隔多日後，有一天騎車時，突然又想起那把傘，潛意識突然跳了訊息說：『保護傘』（潛意識自動帶出），唉呀！原來那是電影惡靈古堡裡的保護傘公司標誌。唉呀！原來這把傘，是在保護我隔離外界的聲音。後來，每當那位長官在我耳邊碎唸時，我的心中就會**出現保護傘自動彈開的畫面**。我知道，有些話，不這麼用心聽，也很好～」

親愛的朋友，你有想呼喚什麼美好或可能呢!?那，什麼可以當作你引入，然後帶出的「隱喻聯想媒介」呀！閉上眼睛，說不定可以試試看這樣問自己（**引入**）：**「親愛的自己，最近有沒有什麼時刻的我是喜歡自己或是感覺到輕鬆開心的，如果用一個隱喻來形容，可以是大自然的現象，可以是動物……植物……這樣的自己會像是……」**

然後啊，可能是在靠近中午的時候，可能是在下班前，感覺自己好像需要好能量來陪伴自己的時候，可以這樣帶出：「對了，這個時刻的我正好需要呼喚出喜歡的自己呢，來，閉上眼睛深呼吸兩次，很好，嗯，來吧！！！喜歡的自己！出來吧～」

技法四：「聲音的使用」

生活裡，有很多**感官刺激源**能夠影響一個人的狀態，比如說空氣裡的濕度會影響人的身心舒爽與否，餐廳裡的浪漫燈光會觸發點菜時的衝動欲望，高級飯店大門一進去聞到的這家飯店專屬的精油香氣，常常會成功導引下一次還想再來。

所以，如果能夠調整這些刺激源的大小強度頻率，我們就有機會創造新的改變氛圍。只是啊，要在陪伴的空間裡持續努力的調整濕度（K）、燈光（V）、精油（K）這些，會讓陪伴者很忙很忙很忙，哎呀，忙到沒有辦法安靜的聆聽故事。所以，聲音啊（A），因為嘴巴就長在身上一開口就有呀！於是，聲音成了潛意識工作裡最有機會順暢又即時的使用管道！而且，一旦學會聲音的使用，就會非常非常有主控性。

潛意識工作很倚重聲音、語調、音質的使用，什麼時候要溫柔什麼時候要灌力量？哪一段的引導冥想需要唸的又快又自由，什麼時間點隱喻故事要講的有土地的承接！這些細細推動改變發生的微妙氛圍，都在這個篇章裡。

1 聲音鐘的故事

關於聲音，先來聽聽這則很可愛的小故事。那是一個冬天的晚餐時分，國中二年級的小女兒阿毛對著剛打完網球回來的我說：「把拔～你要不要看我寫的小作文！」呵呵，當然要。一張A4的學習單上，阿毛這樣寫著：

〈聲音鐘〉

在這學期裡，我學的課文有：風箏、傘、蜜蜂的讚美、聲音鐘、棒球靈魂學，還有愛蓮說。其中，最令我印象深刻的是「聲音鐘」。在「聲音鐘」一課中，對作者來說小販的叫賣聲就像一個鐘，因此稱它為聲音鐘。而我的生活中也有一個聲音鐘，那就是爸爸彈吉他唱歌的聲音。

平日的早上爸爸都不會見到我們，因為不到七點鐘媽媽就會開車載我跟姊姊去上學了，因此早晨的我都不會聽到爸爸的聲音，除了假日的早上。只要是週六或週日，大約九點到十點之間，爸爸就都會在廚房吃早餐，吃完早餐，他就會拿起吉他，開始邊彈邊唱他寫的歌。這時候的我，通常都還在半夢半醒的狀態，但當我睜開眼睛時，**耳朵聽到了爸爸在彈吉他與唱歌的聲音，我就會知道**：「現在是九點到十點之間了！而且～今天放假！！」心裡就會很開心，接著便會緩緩起身，走到廚房，爸爸看到我後就會**笑笑的對我說**：「我的小寶貝起床啦～？」

我就也會笑笑的說：「對呀～」，接著便開始邊吃早餐，邊聽著爸爸用溫柔的聲音唱著歌。**假日的早晨，爸爸的歌聲，是個溫暖的聲音鐘**。

我坐在餐桌旁，讀著這個暖暖的故事，心裡震動著心中呢喃著……

「哦～星期六星期日，女兒是這樣起床的呀～」；「哦～原來女兒記得我總是**笑笑的跟她說**：**『我的小寶貝起床啦～』**～」；「哎呀～真是驚喜，我的**歌聲和吉他撥弦聲，竟然呼喚了溫暖**！」

一邊呢喃一邊深呼吸來了一個接一個，還好，真的還好，這幾年假日出門工作的頻率沒有以前那麼高了，還好我沒有忙東忙西因而錯過了迎接女兒起床的時光啊，好險好險～

聲音鐘，像是一種直覺，聽到一個熟悉又獨特的聲音，就直接知道現在是星期幾的幾點鐘左右。聲音鐘①，是身體的記憶，存入身體也喚醒內在的某個獨特的心情、念頭、感覺，甚至起心動念。

♥哈克說明：

①：對於聲音鐘，年輕的諮商師給了很好的註解：「聲音鐘的意涵在於透過聲音一下子就讓你在那裡，瞬間靠近自己而且無法逃離。聲音鐘帶來的心理和情緒的連結感，像是一聽到誰的腳步聲或口哨聲就會開始有微笑或開心，而哈克帶領的潛意識工作常常做的就是陪著主角，去找到過去的也創造現在和未來的一個又一個美麗的連結，連結上情感、溫暖、喜悅、好奇……」

這幾年，帶工作坊開場使用小紅花卡片媒材時，我很喜歡邀請成員們挑選自己有感覺的卡片畫面，我會輕聲的和團體成員們說：

「等一下，可以一邊和我一起唱著歌，一邊站起來，走過來挑紅花卡，今天挑什麼好呢？嗯，說不定啊，可以看看那一張卡片好像正在呼喚你，好像有一種心情叫做：『**是**

的，我很樂意！』……像是，想著，生命的這個階段這個季節，我很想和～**什麼**說：『是的，我很樂意迎接妳。』」

和我的恩師Dr. Gilligan學習的日子裡，我持續的練習「welcome it」這個禪語四步裡的關鍵心法。一轉眼十多年過去了，我猜自己逐漸內化了這個原本來自英文的**歡迎的概念**，蛻變出**中文裡溫潤的質感，於是有了「是的，我很樂意」**這個語詞的到來。

我猜想，十多年來，我在心裡這樣跟自己說了無數次：

「是的，我很樂意，當一個迎接孩子起床的把拔。」；「是的，我很樂意，在力氣足夠的時候，用聲音傳遞溫暖。」；「是的，我很樂意，在說早安的時候，帶著喜歡帶著開心。」

於是，十多年後，終於迎來了這麼暖暖的禮物，很榮幸的成為孩子文字裡呼喚溫暖感受的聲音鐘。

「樂意」這兩個字的概念

樂意這兩個字，在心裡冒出嫩芽的時候，我好喜悅啊！因為二十八歲那年從美國讀完諮商研究所回來之後，我就在心裡立下一個志願，要尋找有感有覺的中文字，來說清楚說明白那些我在美國馬里蘭大學心理諮商研究所學習到的珍惜著的心理學關鍵字。三十年來我一直在尋找這樣的中文字，這樣短短的兩個字「樂意」，是長時間待在這個美麗的島嶼，同時在文化的土壤裡著地的生活之後才有的啊！

年輕的社工這樣說：「哈克，你說到樂意這兩個字，讓我聯想到之前每天做的『你今天有快樂嗎？』的練習。我很樂意，有進階版的感覺。」

呵呵，眞有意思。是啊，「今天什麼時候有快樂」這樣的問句，會去回味剛剛發生的這一天，裡面的什麼讓你更喜歡自己。在時間線上，這是**往回走**。而「生命的這個季節，我很**樂意迎接**的是……」，這樣的句型，會歡迎知曉感受到和生命呼喚（calling）有關係的現在和未來。在時間線上，這是**往前走**。是**從此時此刻到等一下的未來**。

回味剛剛發生的過去，加上想像感受即將迎接的現在和未來，這兩件事情在天地之間發生的時候，一個人就有機會開始爲自己的生命做一件「重新定位（alignment）」的事，很像是車子保養時的四輪定位。「重新定位」這件事，像是拉出一條迎接生命呼喚的延長線，於是，眞心想要尋找確認的是一種「我有沒有活出我生命最美的模樣」的狀態。然後啊，眞實生活的操練裡，可以這樣說話：

「是的，我今天很樂意當一個三八搞笑的阿姨～」；「是的，今天早上，把拔很樂意當一個負責中餐的大廚！」；「生命這個季節，我很樂意把力氣從賺錢那裡移動一點點到可愛好玩。」

情感動力上，樂意，像是一份帶著決心的力量，迎接更喜歡的自己的即將來到。很像是清晨五點多的曙光，淡橘色初昇的陽光亮亮的打在樟樹綠綠的嫩葉上，那是深呼吸之後，眞心期待的想要成爲。生命的美麗，好像眞的不是用時間的長度來計算的，而是用看見美麗或是活出的飽滿度來感受來確定的。所以啊，說不定是時候來試試看可以樂意這樣和自己說：

「是的，我**眞的不要浪費了自己的美麗**。」；

「有沒有看到有沒有看到，這朵花很美厚!?」；

「是的，我很樂意，**不浪費眼前的這個生命，這個剎那的美**。」；

「是的，我很樂意……」

2 燙一點還是涼一點？

聲音的語氣，像是熱奶茶的溫度，太熱會**燙**，太涼會冷。我們找尋那剛好的溫度，來創造一份美麗的停留與跟隨。下頭來細細的說潛意識工作裡最好用的三類語氣（tone），Soft、Rap、Gesture。

Soft溫暖柔軟語氣

溫暖柔軟的語氣，讓人安心，像是軟軟鬆鬆的有機土，爲接下來的生長穩穩的打底。慢慢又柔軟的吸氣聲吐氣聲，讓正閉著眼睛感受潛意識探險的主角，有一份知道有人陪著的不孤單。溫暖柔軟的語氣特別適合在三個時間點：

（A）一**段話語剛開端**的時候帶著柔柔暖暖的溫度質感入場；

（B）**結束收尾時**的餘韻猶存像是捨不得的頻頻回首；

（C）**其他語氣都不適合**的時候，也就是說**「沒事就柔軟就對了！」**

這樣的語氣，有一個心法，就是心裡眞的要**正溫暖著**、心裡要**正柔軟著**。然後，深呼吸帶著關心帶著愛**帶著陪伴的暖意去說出口**。這樣的溫暖柔軟的聲音品質，對於陪伴過程的轉軸元素「正在生長的安心感」，是非常核心的灌溉水源②。在土地的耕耘裡，灌溉水的重點不在於一次給很多，而是：常常都有，常常都在，常常都有舒服的灌溉滋養。

> ♥哈克說明：
>
> ②：這個元素在後頭的潛意識改變地圖p.257 那裡有完整的解說。

Rap式快速語氣

Rap式的語氣，是像饒舌說唱歌手似的在很短的時間裡一口氣的念出一長串幾乎沒有斷句沒有逗點沒有間隔的語詞（有沒有注意到這段說明也沒有逗點）。

Rap式的語氣，讓主角忽然之間意識上聽到好多好多內容，一下子**好像感覺記不得也理解不了**，於是會忽然在某個剎那，意識會想說：**「哎，算了……」**。這個算了的心情一旦出現，意識就把路權讓給了（yield）潛意識，於是trance狀態常常就自然到來。換句話說，**Rap式的語氣可以讓意識與潛意識的比例，從「3：1」走到「1：1」，然後又走到「1：3」，甚至走到了「1：5」的潛意識順暢狀態**。③

♥哈克說明：

③：年輕的諮商師這樣提問：「哈克，前面這一小段的意思好像是在說：Rap是潛意識和意識狀態比例的調節器耶，這個好酷～要怎麼去變化的呀？」問的眞好！比例調節器，嗯，形容的很漂亮。怎麼調節呢？這裡的「快速」有一個訣竅就是聲音的速度快，但不猛烈不急躁不要求更不侵入。所以，輕快輕巧甚至有一種快活感，是帶著遼闊的心正在鼓勵著意識讓位給這個時刻有機會更滋養身心的潛意識。很像是哥哥讓出座位給弟弟，像是妹妹讓位給姊姊，像是天上的雲讓出天空給月亮，像是太陽讓位給了豐沛的雨水。技術上，剛剛超過一點點意識可以理解的速度感就可以做到了。（例如：從每十秒鐘唸二十四個字加快到十秒鐘唸三十八個字，試試看！）

Rap式的語氣特別適合在兩個時間點：（A）一下子想要**給出很多選項**的時候；（B）覺得主角好像**快要走到意識和潛意識的交界之處**的時候。

Gesture動作派語氣

動作派的語氣，主要是讓陪伴者在把話語說出口的時候，**更身歷其境**的一種做法，創造出一種**沉浸式的互動感覺**。這個語氣的使用，搭配著身體的姿勢（Gesture）、手勢、頭部搖擺的動作、深呼吸的身體起伏，來生動又完整的把那些語詞邊說邊比，整個的**融入**也**進入**。

在陪伴的時候，用手勢用身體的移動來協助自己更進入那個身歷其境的狀態，可以**避免匆忙的只是概念上的帶過**，因爲啊，匆忙的只是概念想法上的帶過像是講課似的，在潛意識工作裡似乎一點意義也沒有。

於是，因爲避免了匆忙，所以可以眞的停留在此時此刻的陪伴裡。同時，當主角聽見陪伴者處在這樣安在而且好好停留的狀態時，就更能夠**「好好的待在」自己的直覺、情**

感、和潛意識訊息的聆聽裡，於是內在的活水源頭才有足夠的時空和現在的自己接上。

動作派的語氣特別適合在三個時間點：（A）隱喻故事或引導冥想在一開始**架景**的時刻；（B）手稿裡正好**有畫面有姿態有動作有轉折**的時候；（C）陪伴者**特別想要主角更沉浸更走入更裡頭**的時刻。

用柔軟語氣，唸達賴喇嘛的話

來看看達賴喇嘛在《從心開始》這本繪本裡的一段很美麗的話語：

「當我看見野花，聞到花香，甚至只要想到花兒，都特別高興。我記得自己還是個四歲小男孩的時候，第一次來到拉薩，我覺得像做夢一般……宛如置身一座大公園，到處都是美麗的花兒，微風輕拂，吹過花叢，孔雀在我眼前優雅地跳舞。空氣中瀰漫著令人難以忘懷的花香，還有自由與幸福的氣息。」

這段話語，如果啊，你想像著很~可愛又很~慈祥的達賴喇嘛唸給你聽！那是溫暖柔軟的語氣，讓人安心的聲量，哎呀，那就不是繪本上的小小的字而已，你聽，那慈祥真心又舒服的聲音似乎還帶著笑意說著：「當我看見野花，聞到花香，甚至只要想到花兒，都特別高興。」

那帶著安靜質地又溫柔的聲音，說不定眞的喚醒了香氣，還竟然呼喚了美麗的畫面，感覺到孔雀在花香瀰漫的風裡起舞，甚至，帶來了自由幸福的氣息。如果你現在啊，一邊用溫暖柔軟的聲音唸著上面這段短短的文字，感受到了嘴角的微笑，那麼，這不只是達賴喇嘛回憶裡飽滿的回味，同時，因爲你深呼吸的投入這個聲音的世界，這也成爲了你**此時此刻的創造**。這，是聲音這個入口美妙的地方啊！

潛意識工作很看重呼喚資源這件事，文獻裡大部分的做法都是把**記憶裡的好經驗提取出來**，比較是回想過去那些已經發生的故事。哈克三十年的潛意識工作體驗之後發現，**如果只有回想眞的太可惜了**，一**天天新的此時此刻的創造**，眞的是生命之所以有機會得以不匱乏的緣由。

3 聲音的心錨

秋天的風裡，聽蔣勳老師的Podcast說到小王子這本書裡，狐狸對小王子說：「但是，你有跟麥田一樣金黃色的頭髮……以後看到一大片金黃色的麥田，我就想起你，我**也會開始喜歡聽**那吹過麥田的風聲。」

潛意識工作裡，我們常常也會這樣使用隱喻去「引入、帶出」內在的資源，很像是**每當小狐狸的眼中**，真的**看見了一大片金黃色的麥田**（**先引入**），**然後**，忽然又飽滿的（**後帶出**）**想起了小王子帶來的感覺**。

而**風聲**，那「我也會開始喜歡聽那吹過麥田的風聲」，是這一篇要來說的，關於聲音這個心錨（anchor）。

心錨這個概念，說的是一條強而有力的引線，可以瞬間點燃照亮一個資源經驗，帶我們重新喚醒曾有的力量或感覺。比如說，小時候很喜歡爺爺輕輕摸摸頭的觸感，長大以後，被喜歡的人摸摸頭時，會**忽然覺得**好幸福好安全。這個時候，我們會說「輕輕摸摸頭」是這個人很獨特的呼喚幸福感的心錨。

潛意識工作裡聲音的使用

爲什麼潛意識催眠語法有機會把人帶到「美」的面前，甚至把人帶到生命的「可能」面前?!潛意識技法裡的什麼，竟然有機會觸發新的可能或是眞的碰觸到美！關鍵之處正好就是：當文字「化爲語言時的**聲音**」。

如果你有機會現場體會哈克的帶領聲音，不管是催眠手稿、配著慢版背景音樂的引導冥想、現場創作的可愛隱喻故事，或是讓人好奇破表的解夢陪伴，你都會聽到空氣裡哈克那經典的拉長音語調：

對～很好～（先深呼吸然後在**吐氣的後頭**三**分**之二說出：對～很好～）

雖然，只有三個字，卻讓人在情感上得以安心，然後，**忽然能夠放下**心中那份意識控制的習慣執著與限制框框。關於這樣的放下，年輕的諮商師形容的很傳神：

「哈克的三個字，**對～很好～**，**帶來不止安心**，**還被溫柔鼓勵了**。既安心，又能帶動一股內在的動力，自然而然往更多的可能性延展開來。」

哎呀，聽到這樣的稱讚雖然很想說不敢當，但是啊，那聲音裡頭藏著的善意和暖意，眞的是朝著這個方向前進的呢！意境上，杜甫有一首詩，正好說出了「對～很好～」這三個字看似神奇的內裡精髓……

好雨知時節　當春乃發生　隨風潛入夜　潤物細無聲

在我心中，這首美麗的古詩翻譯成白話的情景會像是：「那及時到來的雨啊，怎麼好像知道，在這個時節來到是剛剛好似的，就在這正好生長的季節，春風啊，柔柔又悄悄的帶著水氣像是雲霧似的走進了夜裡，於是啊，**細細的無聲的卻飽滿的，潤濕了那等待被滋養的萬物**。」

潛意識工作裡聲音的使用，眞的很像是詩裡描述的「春天的霧先來」，像春天的霧氣似的細細的飽滿的又無影無蹤的忽然已經來到，於是，那潛藏的等待了好幾個季節的花苞，才有了機會有了「我們來慢慢打開花苞展開花瓣～」的一份相信願意和勇敢。

接下來，拿下頭這個哈克新鮮上桌的隱喻催眠手稿〈小灰兔的故事〉爲例，邀請你特別注意**和聲音有關的那幾個粗體字**：

〈小灰兔的故事〉

大大的，高高低低的草原裡，有一隻小灰兔。可愛又好奇的小灰兔特別喜歡抬起頭來，望向草原中的一棵，向天空長去～好像快要靠近太陽的杉樹（動作派語氣唸法—架景時刻）。

有時候啊，好安靜好安靜的夜裡，小灰兔會**好～像～**不知道是聽見自己的心裡的聲音**還～是～**聽見了從高高的樹梢很靠近月亮那裡傳下來的聲音呢（快速語氣唸法—意識和潛意識交界時刻）。

哎呀，管他的，反正很好聽就對了（柔軟語氣唸法）。

於～是啊，不知道從什麼時候開始，小兔子會在月亮彎彎的很像小兔子笑起來彎彎的眼睛的時候，跑到大樹下，打開圓圓亮亮的眼睛啊，好安靜～又好～安靜的聽（柔軟語氣唸法）～

好～啊，聽聽看！～**對～很好～**（柔軟語氣唸法）

有一種安靜又有一份微笑的聽 聽 看；**好啊**，這個天光，好像正好適合來聽聽看呢！

對啊～很好～真好啊～（柔軟語氣唸法）微笑上來，深呼吸感覺到～～～有一種屬於自己的熟悉，又有一份新鮮的氣息。真好，真好。

上頭的這幾個粗體字，**好～啊 於是啊 對～很好～ 眞好～**，正好就是杜甫詩裡描寫的「春天的水氣霧氣」似的，無聲無息但扎扎實實的潛入了聽者的心中身體裡。潛意識工作裡聲音的使用，眞的很像這樣，一方面判斷一方面也選擇在眼前的主角似乎正要生長的時機點，專心又柔軟又開闊的使用聲音，如春風似的，**柔柔又悄悄**的帶著水氣走進陪伴者和主角的能量氛圍裡，**細細的卻飽滿的**潤濕那等待被滋養的主角內在。

留意呼吸時的吐氣點

那，實際操作上，要怎麼做才有潤物細無聲的感覺呢？

你試試！唸唸上頭的〈小灰兔的故事〉，搖頭晃腦的又充滿興味又可愛好玩的唸呀唸～然後在這幾個粗體字唸的特別慢特別有感覺，**好～啊 於～是啊 好～像～**，唸的有一種空氣中蘊涵「春天的水氣」的感覺。訣竅很單純喔，就是你呼吸時的吐氣點：

記得先深呼吸，在**吐氣的後頭三分之二**開始說出：

對～很好～好～啊　眞好～於～是啊

爲什麼要在吐氣的後頭三分之二時出聲音唸出這幾個字呢？因爲啊，吐氣到了後段，會很自然的變的輕柔細微，不搶戲不推擠不壓迫。常常啊，在這樣充滿空間，又不急不趕的聲音裡，正在生長的安心感，悄悄的正在來到呢！我遠方的好朋友，大學同學小瓜呆看了我上面的文字，經過幾天的閱讀思索沉澱之後好用心的回覆我：

「我覺得你寫出來很微妙的什麼……我第一個感覺是：**打開潛意識的**，主要**是情**，而**不是理**。『對～很好』是一種**肯定**，聽者瞬時覺得**被接納了**。如果這三個字是來自**你所信賴的人**，或是**你期待得到肯定的人**，那效果更是不同凡響。

第二個感覺是：潛意識**喜歡**肯定句，以及具象的東西（聲音影像）。具象的東西，都是肯定句，能引動潛意識；否定句則是抽象的東西，歸理性管轄。」

哎呀！遠方的好朋友短短的話語含金量非常之高啊。這段話完整的回答了這個關鍵提問：「陪伴的時候，什麼很適合碰觸，什麼特別需要繞過？」

最直接而觸動的能量推動

引導冥想和隱喻故事，主要的目的是透過一段話語，引導聽者 **更深 更順 更自然的** 去碰觸這個生命季節可能最適合碰觸的內在。在這個風塵僕僕塵土飛揚的世界裡，要碰觸一顆心，常常需要繞過本來已經習慣的路徑，有時候也需要推開那些意識不知不覺中已經裝設好的路障。如何可以繞過這麼多的層層疊疊，關鍵就在小瓜呆同學說出的關鍵答案：

「打開潛意識的，主要是情，而不是理。」

潛意識，主要是直覺的運作，眞的非常非常偏情感偏感受；或者說，特別的地方是，要去碰觸、要去**提取的那個線頭那個引線那個心錨**，提取碰觸的關鍵常常是一份情感。爲什麼是情呢!?因爲情啊，柔細似水，面對意識設定好來保護控管的高高的外牆，好像只有柔細似水的情感，才鑽的進那意識外牆的小小的裂縫。

而那一份打動人心的情感，特別適合透過聲音來傳遞注入，聲音像漣漪一般的能量推動，常常是最直接而觸動的。像水一樣柔細的情感透進鑽入外牆的牆縫，這是畫面上的概念，那，實際的語言操作會是怎麼做呢?原來做法也被小瓜呆同學瞧見了，難怪他說：

「『對~很好』，是一種**肯定**，聽者瞬時覺得**被接納了**。」

是啊是啊～**正在生長的安心感**之所以能夠**眞的正在生長**，其中最核心的轉折感受點就是主角感覺到「眼前這個陪伴者眞的接納我，甚至喜歡我」。團體帶領者或陪伴者，心裡可能有一份肯定，也可能有感覺到接納或喜歡，只是啊，**有，是在心中**，只存在心中眞的可惜了，**非常需要說出口**。

正在生長的安心感

透過拉長音的「對～很好～」，把心中那份眞實的肯定和接納的感覺，飽滿又綿長的在空氣中在天地之間傳遞迴盪。**在心理治療的世界裡，很少很少被關注的細節就在於那一份拉長音的綿長感和願意傳遞的心意：「對～很好～」**。然後啊，小瓜呆同學又說：

「如果這三個字『對～很好』，是來自**你所信賴的人**，或是**你期待得到肯定的人**，那效果更是不同凡響。」

哎呀，這個就眞的需要時間的淬鍊了。帶領人或陪伴者，有沒有在有風有雨的生活裡塵世間，**眞的活出一個好狀態**，**讓聽者打從心底信賴**，甚至有想要抬頭嚮往盼望成爲，這，其實比起手稿的設計內容，甚至比起聲音的訓練，要來得核心多了。

想像一下，一個你好喜歡或敬愛的人，帶著慈愛的表情，凝視你的眼睛，然後說：**「對～很好，你這樣眞的很好。」**那，天地之間是不是感覺和十分鐘前已經是不一樣的世界了，這種感覺，帶來了珍貴至極的正在生長的安心感。

潛意識喜歡肯定句

我自己打從二十幾歲到現在，在潛意識工作裡眞的體會到，那些有**具體形象**的**直接**的不拐彎抹角的話語，特別特別受到潛意識的青睞，像是這樣的自我對話：

「今年四月種下了十二株澎湖角瓜，如果老天爺賞臉，很可能會收成兩百條。那，好朋友來或路過家裡，都可以『哇～』的帶三條回去吃！五月開始，還可以每隔三天直送朋友開的餐廳，讓東海岸開餐廳的朋友笑得開懷～」

沒有時差的按下潛意識直通鍵

來倒帶解析一下剛剛這兩句話。**如何具象？**很清楚的描述詞就是具象的直接作法：四月、十二株絲瓜、『哇～』的一聲、每隔三天，這都是數字清晰的**具體形象**。因爲那麼清晰，於是**直接的傳進**潛意識的**核心動力電源**系統，於是，開啓了按下了「從想法到行動之間沒有距離」的按鈕！

那，**肯定句直述句在哪裡**?!在這裡：「種下了」、「好朋友來」、「每隔三天直送朋友開的餐廳讓開餐廳的朋友笑得開懷」。這樣肯定又具象的聲音（『哇～』）和立體的影像感受描述（帶三條回去吃），讓潛意識直接沒有時差的按下了直通鍵，於是，比較不容易像本來習慣的那樣，這裡想想那裡想想，但是後來卻什麼行動都沒有。這樣的直述句、肯定句，如果又搭配上柔軟的聲音和裡頭安穩的力量，那麼，潛意識資源的直通鍵，就逐漸在你的掌握之中了。

4 灌注能量的聲音

除了上一篇的三種經典語氣之外，二〇二四年的這個春天，哈克正在書寫一個新的主題，是關於第四種語氣：「灌注能量的聲音」。聲音，除了柔軟快速之外，還有一份能量的質地，可以像是太陽的溫暖、可以像是好奇好玩可愛的明亮感、也能夠像大提琴般的低沉情感。一起來看看！

四個能量好狀態

常常在工作坊的下課時間，有學生走過來問我：「哈克，意識工作，和潛意識工作，很不一樣的地方在哪裡？」

嗯，意識工作，常常是認眞的專心的要去釐清主角故事的內容和前後脈絡，而潛意識工作很不一樣，比較把心力投入到「讓本來停滯的，可以流動」，分類上頭比較偏向是一種能量工作取向。也因此，陪伴者的能量狀態變得十分重要。

潛意識工作之所以會那麼強調「愛裡沒有匆忙，匆忙裡沒有愛」，是因爲我們盼望，讓陪伴的過程裡充滿流動的愛，像是清澈流暢的溪流，或是有力量的光束，這樣一來，才有辦法**沖過洗淨**本來停滯的點。

來看看下頭的四個好狀態，是和「匆忙」、「著急」的相反邊，可以在潛意識陪伴工作裡來準備的**好狀態**，分別是：

像太陽一樣的溫暖

太陽的溫暖，它是畏寒的相反。我們遇到困難的時候常常會有的第一個反應第一種感覺就是畏寒，因爲肌肉會反射性的緊繃起來，所以會冷，所以啊，很需要溫暖來到，讓緊縮緊抓的花瓣花蕊願意因爲迎著陽光的暖意，而自然舒展綻放。

像月光一樣的專注

Soft attention，像月光一樣柔軟，同時它是專注的，它的能量是投入而柔軟的。力量有很多種，在潛意識工作的運作裡，**好的陪伴狀態的基底是一種柔軟又溫暖的力量。**

像土地一樣的承接

土地是一份寬廣的接納，對於人世間的眞假對錯、成功失敗，已經不拘泥於這些，而能夠依然去聆聽一個人、愛一個人，踏出了評判的法庭。土地的承接和compassion（慈悲的愛）有關，也和loving awareness（帶著愛意的覺知）有關。

像風一樣的自由

這四個元素中，像風一樣的自由遼闊又流動，常常是生命的季節裡最晚才終於來到的一種（也就是常常是年紀大一點才會來的意思）。關於像風一樣自由這個珍貴的好狀態，我們可以這樣問自己：

「有誰，因爲我的生命的存在而活得更自由?!」

「此時此地，這個時刻這個時空，有沒有因爲我的來到，我的碰觸，而變得更美好?!」

怎麼使用聲音?

陪伴的過程，怎麼用呢？我們以解夢爲例，在解夢前的準備步驟，合適的時機裡可以這樣問主角：

「等一會，陪伴你靠近潛意識、靠近你的夢的時候，你想要我用下面哪一個能量狀態陪伴你**多一點**呢……可以是像**（柔軟語氣唸法）**……土地一樣的接納，或者是，像風一樣的自由，也可能是……像太陽一樣的溫暖，或者是像月光那樣的專注……**（在吐氣的後頭三分之二說出：像月光那樣的~專注）**」

這個能量狀態的選擇，除了讓主角挑選以外，陪伴者也可以自己感受一下，想像是中醫師在開中藥，感覺眼前的主角感覺身體太寒，需要補一下氣，那就要來準備能補氣的藥材；那如果主角似乎感覺最近太煩躁太燥熱，那就可以準備能呼喚安靜帶來清爽的藥材。這樣選擇風土日月，很好玩喔！

這個技法的最後，來到了下頭這個大樹深根的引導冥想。這個引導冥想使用了幾乎所有聲音的訣竅和心錨，括號裡的內容，會帶領讀者體會到「哦～原來聲音可以這樣使用啊！」

同時，大樹深根這個引導冥想特別適合覺得自己思緒好多安靜不下來的朋友，也很適合這個生命階段盼望生長出穩定力量的朋友。這個引導冥想，可以在家裡自己唸自己體會，很有機會帶來兩個方向的同時並存，在內在心象中創造擁有grounding（著地扎根）和growing（生長）的兩個方向的好狀態，進而穩穩的安頓身心。

當然，如果天時地利人和，也可以後來找機會來哈克的東海岸工作坊現場，在真的大自然裡去感受，真的有天空，真的是草地，有直接的體感，那真的會很棒很棒！

「扎根＋生長」：大樹深根引導冥想

不知道你知不知道，扎根啊，和生長，一樣重要喔；或者說，生長啊，和扎

根，一樣重要喔。（柔軟語氣唸法）

一棵樹的樹根，往土地深處延伸朝向安靜的地心扎根，然後啊，一棵樹的葉子呢～葉子在清晨展開細細的腰和手臂迎向陽光，快樂的和太陽說早安，深呼吸一口氣，把陽光和空氣一起吸收進來，在葉脈裡咕嚕咕嚕的光合作用，哈哈，養分啊，就這樣一個早上一個黃昏一個夜晚一個月亮的正在生長呢！（像土地一樣承接的能量狀態）

如果啊，帶著自由的鋤頭耕種著愛的土地，你知道嗎（柔軟語氣唸法），柔軟又強韌的種子常常在風裡輕輕落下。於是啊抬頭望去，有遼闊有微笑，也因為這樣，即使有受傷有辛苦，心底，也～自信又穩定。（在吐氣的後頭三分之二說出：也～自信又穩定）

喜歡做瑜伽，可以只是一時興起；天天鍛鍊做瑜伽，那就是長時間的耕種了。偶爾去爬山，可能只是好玩而已；鍛練跑步每天增加肌耐力準備年底去征服百岳的艱辛，那真的是在時光歲月裡把根扎深。講個笑話給好朋友配酒喝，可以只是開心一下；而那些年認真的研究相聲段子模仿語氣動作然後練習又練習，那麼，帶著自由的鋤頭耕種愛的土地的那些日子，柔軟又強韌的種子真的在風裡輕輕落下土地。

原來啊，之所以要長時間荷著鋤頭耕種，是因為每一個夢、每一份熱情都需要日復一日中「自我的鍛練」。（柔軟語氣唸法）

來說說一個小故事，關於「大樹深根」，把根扎深，讓天開闊，而力量正在生長……一棵大大的樹，有好深好深的根，扎進土裡……邀請你做三個深呼吸，感覺到一份正在生長的平靜和穩定的力量，像一棵大大的樹……（像太陽一樣溫暖的能量狀態）

不知道啊，生命的這一個季節，你想要，扎根什麼？你想要，真的日復一日，鍛鍊自己的什麼？那好像有一個，眼前迎接來到的，很像 很像是一種力量，很像是一種決心，很像是一種願意，很像是一種「真的想要」。（柔軟語氣唸法）

你知道嗎？植物可以生長，小動物可以生長，心情也可以生長，你有感覺過心裡的平靜正在生長嗎？你有感覺過，心裡的一種穩定和篤定正在生長嗎！我們今天來感覺看看一份正在生長的平靜和穩定的力量，像一棵大大的樹。

你一定知道的，一棵樹可以有好多好多大大小小的葉子~當你數著樹上那綠綠的葉片，像是收集著對自己的喜歡，嗯，我喜歡那次聽演唱會或是聽歌時搖擺身體感覺震動的自己，啊~我喜歡吃可麗露的脆皮咬下的感覺（快速語氣唸法），呵呵，對啊，我還喜歡清晨走在海邊，不遠處有夥伴朋友走在前頭，又獨處又不孤單……每一個葉子可能形狀都挺類似，呵呵，因為啊，那都是自己呀，都是喜歡的自己呢。（柔軟語氣唸法）

邀請你的手動起來，去摸摸樹上的葉子，好像認出了它好像看見它好像歡迎她喜歡他，好像~正在觸摸它。喔~是這個葉子喔，你長這樣喔，摸摸葉脈，喔~你是我喜歡的自己的一部分ㄟ~好棒喔，旁邊呢，還有沒有另外一個？（動作派語氣唸法＋柔軟語氣唸法）太好了，對啊，去接觸去和它說早安，每一次啊，你吃下很好的食物啊，你知道這個葉子也跟著生長嗎！每一次啊，聽到一則好聽的笑話故事，你知道嗎，這個葉子也正在生長喔~它不是固定的喔，一旦你收集了新的故事，它不是固定的喔，它會因為你的生命你的生活你遇到的美好而更~美麗，更~翠綠，更~精采，更~像自己，太好了！

所以啊，當你數著樹上那綠綠的葉片，就正在收集著對自己的喜歡，收集夠多了，那在清晨迎向陽光和太陽說早安的快樂，深呼吸一口氣，把陽光和空氣一起吸收進來的暢快，哈哈，更舒服了啊！於是啊，一個早上一個黃昏一個夜晚一個月亮的正在生長，真的來到了。（像月亮那樣安靜的能量狀態）

真好，真好，來，沿著樹枝，樹幹，我們往下走，吸氣……吐氣……感覺到樹和土地接觸的那裡，對，很棒喔～（柔軟語氣唸法＋動作派語氣唸法）

好像腳跟腳掌腳趾頭那裡往地心走似的，樹根啊，在吸氣吐氣之中，感覺到深深深深的扎穩了深深的根，往土地的深處走去，往力量的根源走去。

感覺到一份正在生長的平靜和穩定，像一棵大大的樹一樣，平靜，穩定，自然，力量，生長著，樹根朝向土地，那樹葉啊，迎向天空，在四季的風裡，雨裡，陽光裡，那正在生長著的喜歡和微笑，像樹葉一樣呼吸著（像風一樣自由的能量狀態），把空氣和陽光變成了氧氣，於是啊，也有了養分，所以正好可以更～深深的扎根，更穩，更有力量。（快速語氣唸法）

你知道嗎！你可以同時是一棵大大的樹，也可以同時是一個**大大的遼闊的天空啊**……如果啊，你的心很遼闊，那心裡的煩惱，就變成了遼闊的天空裡的一朵朵雲。如果你的心像大海一樣**好遼闊，好～遼闊**（在吐氣的後頭三分之二說出：好～遼闊），那你心裡的煩惱就會好像是岸邊一波一波的海浪。（動作派語氣唸法）

就在這個時刻啊，說不定你感覺到自己是大樹，仰望那遼闊的天空。於是啊～心裡如果有一些跑來跑去的思緒煩惱和憂愁，那……那些思緒和情緒，就如同大大

的天空裡，一朵朵雲。因為啊~因為我們在心裡**記得 遼闊**。（柔軟語氣唸法）

原來，遼闊是拿來記得的，當我們記得，遼闊就在。這樣啊，當我們往天空看去，我們就記得了，當我們往大海望去，我們就記得了。所以啊，有空的時候就去海邊走走吧，有空就去看看那個月亮不會被城市那些建築物擋住的天空吧。

於是啊，遼闊啊，溫柔啊，自由啊，還有力量，都在心裡，都扎穩在土地裡，都生長著，在呼吸裡生長著，在四季的風裡生長著，甚至在煩惱憂愁的時候也生長著，當然，在享受慶賀快樂喜悅的時候也生長著！（快速語氣唸法）

讓這一份平靜和力量生長吧~生長吧~（像月亮那樣安靜的能量狀態）美麗的孩子，美麗的生命，像大樹一樣生長吧~（像太陽一樣溫暖的能量狀態）

邀請你把手放在肚臍的位置或心口的位置，在自己的節奏裡，這樣跟自己說，你們可以說出口喔，說：「來，我們 一起 生長。」不要管別人有沒有唸出聲音來，不要管別人什麼時候唸，來，再一次喔~用自己的節奏喔，你想唸就唸，這樣就會很想念這樣的自己。手啊，放在肚臍的位置或心口的位置（動作派語氣唸法），有自己的節奏，聽見自己正在跟自己說：

「來，我們今天，一起生長。」（長長的深呼吸）；「來，我們今天，一起伸展。」（再來一個長長的深呼吸）；「來，我們今天，一起帶著微笑，生長又伸展。」

最後啊，邀請你把手打開，朝向天空，好像跟自己說也好像跟天地許願，讓手越靠近天空越好，好像整個關節整個手臂都伸展出去了，對，想許什麼願望想跟自己說什麼，就用接下來的一分鐘朝著天空的方向說，說完了手就放下來。（動作派語氣唸法）好好看的畫面喔，你一定不知道這個畫面有多美，一個生命跟自己接觸著，那是全世界最美的風景了，太好了，太好了……

潛意識工作心法

心法，說的是技法後頭的哲學觀。兩個心法分別是：心法一、前腳和後腳；心法二、改變的位移動量。

什麼是心法呢？潛意識工作心法說的是，在陪伴的世界裡「促發一個人改變移動」背後的哲學觀。和其他諮商學派很不一樣的地方，潛意識工作沒有那麼執著於去聽個案故事的細節脈絡，也沒有偏好空白螢幕的價值中立。眼光沒放在這些地方，那麼，潛意識陪伴的心力專心的投注在哪裡呢？這就是心法要來描繪的心念路徑。

心法一「前腳和後腳」提出一個畫面，特別說清楚了人為什麼嘴裡說要改變但卻其實動不起來的原由，特別描寫清楚那拉住前行力量的後腳。

心法二「改變的位移動量」借用了物理學上的數學式子，帶出了改變所需要兩個關鍵元素，有品質的好能量和改變移動的方向性。

1 心法一：「前腳與後腳」

前腳與後腳，這個關於**改變**的治療概念，從三十五歲開始就一直在哈克的心中，在長長時光的諮商訓練工作坊現場經驗裡，我發現這個帶著畫面的概念，對於陪伴時的「如何使勁」、「如何施力」特別有幫助。

改變，像是要越過眼前的一道高牆，如果沒有準備好去**提起那一口氣那一股勁**，是越不過去的。助人工作者只要累積足夠的陪伴經驗，就會遇到有一種典型的困住，那是眼前的主角雖然口中一直說要改變，但是不管怎麼認眞的陪努力的幫，主角都穩定而篤定的回到卡住的原點，然後說：

「對啊，我知道。可是……」；「是啦，我是想改變，但是我覺得不可能。」

這種「要嘛就**可是你**、要嘛就**句點你**」的狀態，常常讓陪伴者忽然間挫折湧上，不知道該怎麼辦才好。所以啊，協助主角準備好那個眞的能夠迎接改變的好狀態（get ready），是陪伴心理學的關鍵任務。換句話說，評估主角的「readiness」關注著主角是不是眞的準備好要改變了，然後進一步協助主角一**步步的越來越準備好**，是陪伴者核心的關鍵能力。

這裡的評估和關注，有兩個視角可以著墨：一、來求助的人，都想改變；二、來求助的人，也常常都不想改變。

怎麼說呢？一個人會想改變，是因爲困住難受，所以想改變；而一個人之所以其實不想改變，是因爲舊習慣和舊系統特別強大，總會不知不覺把人拉回原來的位置。**雖然受困不舒服，但是受困久了，挺熟悉**。而熟悉，又和保險安心感有一份隱隱的連結，於是，「改變的盼望」通常會和「冒險的不安不確定」兩頭拉扯來拉扯去的。

的確啊，你想像一下喔～如果眞的改變了，隨之而來的新天空新土地新世界即將是不熟悉的，是需要花力氣去適應的，是需要重新整頓自己的，那是需要甘願忍受未知的模糊不確定，才能打起精神來好好走下去的。因爲這樣，我們陪伴主角的時候，會看到一**個畫面：主角的一腳在前，一腳在後**。

前腳說：「我好想改變，無論如何，這次我一定要突破！」在這同時，**後腳**偷偷的說：「現在這樣雖然不舒服，但是其實也挺習慣了，而且，改變這件事好可怕喔～你不覺得嗎？」

所以，陪伴主角的時候，眼睛要打得開開的又打得亮亮的，看見這兩隻腳：前腳，和後腳。於是，**有機會發現找到那化「拉扯」爲「拉抬」的關鍵轉折點**。

前腳，你會很容易的看到前腳穿的鞋子那是什麼型號什麼顏色，會看到……「嗯，這是紅土球場專用網球鞋，是美規十號球鞋，灰綠色綁深藍色鞋帶而且剛買不久。」很像這樣的，前腳常常可以很清楚的看到和認出（identify/recognize），能快速又清楚搞懂它是什麼，因爲它是生命的前景，因爲盼望常常是明白清晰的，會有聚光燈直直的打在那邊說：「這是我要的，那是我要去的地方。」

澄清想改變的**前腳**，可以清楚的去問下面這五個問句：

「如果沒改變，會怎樣？」（澄清想改變的原因）

「你想改變成什麼樣子？」（未來景立體澄清）

「改變以後會有什麼不一樣？」（把未來景像動畫似的細節描寫）

「改變以後，誰會最為你高興？為你大聲拍手喝采？」（共同慶賀感）

「是什麼，讓主角如此渴望，一心向前？」（去懂真正的底層動力，這一題可以只在心裡頭安靜的問，但不問出聲來；當然，合適的時機也可以問出口。）

那後腳呢？我們先來模擬一下後腳的內在語言！概念上很簡單，它常接在語法的**「可是」**或**「但是」**或**「不過」**的後面，像是：

「我很想多接觸有趣的人，可是……我不夠勇敢而且又沒有力氣。」
「我很想練出腹肌還有人魚線，但是……哎呀不可能啦。」
「試試看去市集擺攤好像很不錯，不過……不知道朋友會怎麼看我……」

「可是」、「但是」、「不過」，這三組兩個字的常用語詞的後面接的那些話語，就是後腳。

後腳的腳趾頭會不由自主的抓住泥巴

從隱喻的畫面來看，想像一下，往後腳那兒瞧瞧，很有意思的是你常常不像前腳一樣可以清楚的看到鞋子，**後腳那兒常常只看到脛骨，最多看到腳踝，因為，後腳的腳掌常常陷入了草叢泥巴裡了**。你知道嗎，陷入泥巴時，真正抓住泥巴的是五個腳趾頭，**因爲有一份帶著不安緊抓的用力，所以啊，後腳陷入了草叢泥巴裡面**。

讓我們打個聚光燈在這裡細細的看一看！**後腳之所以讓人生變得很難的地方是：後腳的用力沒有帶來前行和盼望的移動，那是無效的用力**。或許是因爲不安或許是因爲害怕，或許因爲某個不明所以的情緒，因而緊緊的五個腳趾頭不由自主的抓住底下的泥巴，也因爲越抓越緊越拔不起來所以動彈不得。有時候因爲忽然太緊太用力，後腳的皮膚和泥巴完全密合了起來根本沒有空間，根本沒有空間可以拔。①

♥哈克說明：

①：後面的心理空間學會更完整的說這個空間的概念。

越用力幫，後腳卻越受困，該怎麼辦？

當「沒有空間可以拔」這個感覺來到的時刻，不知道爲什麼，正好就會遇見好想要用力幫忙拔的陪伴者。陪伴者很可能因爲著急、因爲捨不得主角正在受苦，所以會不由自主的很想使勁用一股蠻力撼動山河般的拔起，哎呀，被拔過的人都知道，那泥地裡的腳趾，總是更用力專心的往下抓緊啊……

所以，這個時刻，好像真的正好不是用力拉拔使勁的時刻。

年輕諮商師讀到上面這一段，很有感覺的說：「哈克，這裡說的後腳，很像是去和個案拔河似的，拔河的時候，我們越用力，個案就更用力，於是就進入彼此拉扯的能量耗損狀態！」對啊，眞的是這樣，拉扯和拉抬，就眞的差在這裡啊。

那，怎麼離開用力拉扯呢？啊~如果不是用力，那用力的相反邊很不一樣的會是……嗯，會是輕風明月嗎?!嗯，如果是，哪裡啊，可以有那柔柔又透氣的氣流呢！哪裡有輕風啊……可以偷偷鑽到那正緊抓的後腳的腳底呀！

聽說，潛意識工作裡的隱喻故事，正好就是那可以帶來順暢往上升的輕風喔！吹一口讓緊抓得以安心鬆開的氣，吹出一陣柔柔又可愛的風，那一份懂，像輕風似的吹過。來，一起看看潛意識工作裡這個非常獨特的做法，這是一個**「帶著照顧後腳的心情也熱身一下前腳」**的可愛的隱喻故事。

〈小翅膀的故事〉

小翅膀啊，為什麼叫做小翅膀呢？可能是因為小小的，柔柔的又小小的，好像還沒找到很確定的力量。

小翅膀喜歡用爪子牢牢的抓住大翅膀的背脊，乘著大翅膀快樂的飛翔，乘著大翅膀可以衝向天際，也可以俯衝到水邊，小翅膀覺得有大翅膀好好喔！好享受哦～

可是啊，有些時候，會有可是，有些時候還會有但是……可是啊，小翅膀心裡想著想要飛去小溪旁，但是啊，大翅膀正在高高的天空，一邊隨著風自由的飛，一邊正在與強勁的氣流暢快的搏鬥，不能帶小翅膀去小溪旁，更聽不到小翅膀的聲音……

小翅膀心裡想……「哎呀，我的翅膀這麼小，拍起來力量那麼小，該怎麼辦啦？」

對自己的翅膀拍打沒有信心的小翅膀，哎呀，一下子不知道怎麼辦，看著那小小的翅膀，拍一拍，力量在哪裡啊……又心疼又難受……

這個夜裡，小翅膀好像不知道從哪裡，遠遠的又近近的聽到一個溫暖的聲音說：

「小翅膀啊～小翅膀，翅膀好像不是看大小來分的喔。翅膀啊，有好多種，有……透明的精靈翅膀，有靠輪軸轉動的機器翅膀，有色彩繽紛的彩虹翅膀，還有還有，還有一種是靠感受月光來接收力量的翅膀，彎彎的月亮帶來轉彎的力量，圓圓的滿月帶來了帶著醇厚的香氣，那是吸收起來超級飽滿的～

哇～有好多很不一樣的特別的翅膀，聽說，還有一種會變化的翅膀，會變大還會變小，需要變大的時候，咻！就變大了；需要變小的時候，咻～就變小了。而且啊，還會變可愛，還可以變呆萌害羞又迷人，啊，對了，還可以變……」

喔……原來有這麼多種不同的翅膀啊！深呼吸一口氣，小翅膀問自己：「那我要怎麼樣才能靠自己的力量飛起來呢？」哎呀，不知道為什麼，一問自己這個問句，心底湧上一股好強的無力感，怎麼這麼衰啊……明明是很想要找力量的啊，怎麼偏偏心底湧上的竟然是無力感……

心底啊，不知道是不是還沒有準備好，冒出一大串下頭這一類的念頭：

「還不會飛，就不要亂飛。」；「可是，我的翅膀顏色，怎麼感覺和天空不太配……」；「月光啊，我才不敢晚上飛呢。」；「翅膀小小的，有大翅膀可以依靠，幹嘛沒事找什麼力量啦……」；「不過，我怎麼知道我真的準備好了沒有……」；「但是，如果力量來了，會不會負擔也跟著變大呢？」。

是啊。真的是一大串啊~或許，今天先想到這裡好了。等風起，等等光線更美麗一些，等季節更溫暖一點的時候吧，說不定再來想……月光下，深呼吸一口氣，小翅膀決定啊，把挫折和煩憂啊，留在樹梢上；暖暖柔柔的月光下，深呼吸一口氣，小翅膀決定這樣問自己：

「嗯，**如果**，我的翅膀**即將**~變得更強壯，更有韌性，更有隨風調整的能力，嗯是啊，我要為自己這個**如果和即將**準備些什麼呢！我可以鍛鍊點什麼呢?!」

夜裡，好靜好靜的夜裡，小翅膀有認真的眼睛，帶著心跳，看著自己其實好不容易才長出來的小翅膀，那是從前本來沒有的，是自己一直好想要的，是好幾個季節才擁有的好珍貴的自己的小翅膀……

「嗯，**如果**，我的翅膀**即將**~變得更有力量，更~能隨風調整，那，我們來為自己這個**如果和即將**，準備些什麼好呢！我們，來鍛鍊點什麼呢！」

親愛的你，在上面的隱喻故事裡，有找到像是一份懂得的「後腳」在哪裡嗎②?!說不定你也感覺到那陣輕風的吹氣，吹出柔柔又可愛的風，一份懂得，像輕風似的。

♥哈克說明：

②：這段故事裡，後腳出現的地方包含：「對自己的翅膀拍打沒有信心的小翅膀，哎呀，一下子不知道怎麼辦，看著那小小的翅膀，拍一拍，力量在哪裡啊……又心疼又難受……」、「可是，我的翅膀顏色，怎麼感覺和天空不太配……」、「月光啊，我才不敢晚上飛呢。」、「翅膀小小的，有大翅膀可以依靠，幹嘛沒事找什麼力量啦……」、「不過，我怎麼知道我真的準備好了沒有……」、「但是，如果力量來了，會不會負擔也跟著變大呢？」。

後腳是拿來懂的

後腳的關鍵啊，真的不是一定要去處理什麼，而是要盡全力的**去懂後腳就好**。因爲後腳啊，一旦被真的懂了，常常就鬆了。

爲什麼呢？人之所以無法意識到卡住困死之外的其他可能性，有一個關鍵因素是：**心理空間被單一想法或情緒給塞滿了，甚至長出了厚厚的不透光的牆壁**。爲什麼心理空間會這樣被塞滿，爲什麼後腳會抓緊泥土，是因爲沒有被懂、沒有機會拿來一起討論一起幫忙照顧。所以啊，如果被陪伴的過程裡有機會被懂，然後再加上陪伴者學會了潛意識工作裡巧妙的隱喻文字，學會用立體飽滿的情感和聲音來搭配，常常因而能夠鑽進厚厚的阻擋的泥巴，進而鬆開拉抬起來，最後長出了新的心理空間。

「後腳是拿來懂的」的相反邊，就是「硬拔後腳」。後腳啊，真的不要用力去拉、使勁去拔、拚命去推。如果「硬拔後腳」放進了小翅膀的故事，那就會是像這樣：**「第二天早上一醒來，寒冷和黑暗全不見了，整個世界都是陽光，小翅膀像是鋼鐵人一樣可以飛向宇宙完全沒有害怕了。」**這樣硬拔猛推，很難真的陪伴一個生命啊。

所以啊，我們來學習輕輕的巧巧的又悄悄的，可能是眼角和心往後腳那裡溫馨的看一眼，懂得的風就偷偷的鑽進去了呢！

心理空間學的誕生

我的大學同學小瓜呆讀了我寫的幾篇文字後和我這樣說：

「我有一個感想，總覺得你在講一種：**心理空間學**。人之所以無法意識到可能性，有一個關鍵因素是：**心理空間被單一想法或情緒給塞滿了，甚至長出了厚厚的牆壁，不透光**。你的文字、聲音、隱喻故事，就是要『**用情　鑽進**』這牆壁，所以要立體而飽滿，進而『**拉開或長出**』新的心理空間，去接納新的可能性。」

這下子可精采了！下頭來了一串我們之間美麗的對話。

「**心理空間學！**這個命名太美妙了。對對對～**拉開或生長出新的心理空間**，眞的是我這十年的時光裡最努力專注耕作的心田。小瓜呆，很想聽你多說說……你是怎麼看見心理空間被塞滿的？我的文章的哪裡，你有看見拉開或長出的地方？」

我的大學同學沒有時差的說：「最近讀到正念的兩個先後要素，『暫停（制式反應）』及後續『更完整的看見』，於是進一步想到，**人無法暫停制式反應，是因爲當下心**

理空間被塞滿，沒有任何餘裕。」

「是啊！心理的空間，眞的是很精妙的學問，我也打算來細細探訪。**搖晃卡住的情緒或念頭，讓卡住的那個塞點的附近多出『一點點空隙』**其實是潛意識工作很重要的任務。」我的心好喜悅，有老朋友可以這樣很有料的討論。

「嗯嗯。我剛想到，**情走在先**，同時也是後續所有改變的基礎，可以搖晃卡住的情緒或念頭，拉出那一點空隙，然後，認知的調整可以接著在後頭來到，進一步拉開或協助長出心理空間。」小瓜呆說。

「對對對～情之所以要走在先，是因爲情感本身就是**波動浪潮**，所以有利於搖晃！另外，我在猜，說不定潛意識工作之所以**那麼重視呼吸吐納**，可能也是爲了**找到時間的空隙**，進而打開珍貴的心理空間。」我興奮的說。

這裡，浮現了潛意識工作的兩個新的核心概念：**「搖晃」**和**「呼吸」**。

卡住的念頭或困住的想法，很像一根樹枝或者一顆石頭。一根粗粗的樹枝或者一顆石頭卡在厚厚的土裡草叢裡，那麼扎實穩定不好移動，怎麼辦？

卡住的念頭如何鬆動？

卡住的念頭，扎實穩定不好移動的卡在厚厚的土裡，於是，潛意識工作的前輩高度建議不要用蠻力去拔，要讓「春天的霧先來」。這是前面有說到的杜甫的詩，隨風潛入夜潤物細無聲……想像一下，春風啊，柔柔悄悄的帶著水氣走進了夜裡，於是細細的無聲的飽滿的潤濕了萬物。情走在先的**情，那份情感，那種感受，那個感覺，就是春天的霧氣吧**。

我們會說，忽然來了一個念頭。因爲念頭想法是「一個」，所以可能比較像是一顆石頭。可是，相對於想法念頭，關於情感我們會說「一陣感動襲來」，感動、感覺、情感，是「一陣」喔～～～看起來是有時間長度的浸泡的。同時，因爲情感**本身就是波動浪潮，加上又自帶時間長度**，像是霧氣似的在時間裡籠罩浸泡沉入，於是啊，小小的心理空隙被泡著～泡著～又泡著～這時候，心理空間有了機會有了鬆開的可能。

太極拳鄭曼青宗師說：「吞天之氣，接地之力，壽人以柔。」壽人以柔的意思是：如果想要活的長壽，那眞的要學會鬆柔。**鬆軟鬆柔，正好就是心理空間學裡，「牢牢卡住沒有空隙」的相反**。這樣的鬆柔，搭配上搖晃，哎呀，那陪伴這件事可就精采了。隱喻故事，引導冥想，解夢，催眠，對我來說，都是**搖晃**和**鬆柔**的好朋友。

呼吸之間打開心理空間的關鍵問句

這幾年每個星期三我都很開心的去上太極拳課，那天，太極拳老師這樣教我們：「練拳的時候，自然呼吸，安靜換氣。又叫做：神舒體靜。」

哎呀，古時候的拳經話語，怎麼好聽成這樣啦！「**神舒體靜**」，**神**，精神，神韻，那是終於最後，呈現的模樣。**神舒**，精神感受舒展自然。**體靜**，身體很安靜，不急不徐。神舒體靜，正好就是擴充陪伴者心理空間的實際練習啊！這四個字，讓我想起國二的小女兒阿毛的故事。

靈光乍現的「懂」：阿毛陪小光玩沙球

下頭是阿毛自己記錄下來的很好聽的故事……

四月十四日星期日天氣晴，早上，我跟Ruby姊姊還有威竹哥哥帶他們的一歲多大的兒子小光，去杉原海邊小魚兒底下的沙灘玩，我做了好多顆沙球給小光，他就很興奮的把一顆又一顆都放到海裡，讓海水把沙球沖掉。後來，我在沙灘上找到好幾隻可愛的小小寄居蟹，放在小光的手上，爬來爬去的，小光玩得超開心的～

到了最後要走的時候，小光一直握著手上的最後一顆沙球，不肯放下來，經過我們不斷的提醒跟安慰，一陣子後他終於把沙球放下了，但是不到三十秒，他又跑過去把它撿起來。

「小光，要讓沙球回家了呦，不能把它帶走啊～」

小光就一直一直說：「不要！」

後來，小光用身體表達他想把沙球放到「沖洗區」（離開海邊的出口處有個設給遊客沖洗手腳的地方），但旁邊的管理員伯伯說：「不行。因為沙球都是沙子，會讓排水孔堵住。」

小光聽到後，卻還是一直堅持要把沙球放到那裡，Ruby姊姊和威竹哥哥都不知道該怎麼辦，我就突然想到：

「欸～小光會不會是想用沖洗區的水把沙球沖掉，像剛剛在海邊一樣？」於是我就跟Ruby姊姊拿了三個水壺，然後問小光：「你是不是想用水把沙球沖掉？」

一歲多的小男孩，大力的點了點頭。

我就帶他走到旁邊的樹下，讓他拿著沙球，我把水壺的水從上面往下倒，讓沙球慢慢被沖掉，而這時小光的臉上，露出了開心且滿足的笑容。

那天，阿毛記錄下了的這個故事，很簡單，同時非常有意思。小光的媽媽，從阿毛出生就看著我的兩個女兒黃阿赧和阿毛一路長大，是阿毛心裡很喜歡的大姊姊。在小光的爸爸媽媽都束手無策的那個時刻（當管理員伯伯說不可以），阿毛的心裡，到底發生了什麼，讓這個靈光乍現的神奇的「懂」翩然而至？

我們倒帶一下：

「小光，要讓沙球回家了呦，不能把它帶走啊～」大人說。

小光一直說：「不要！」；接下來管理員伯伯說不行在這裡。小光聽到後，還是一直堅持要把沙球放到那裡。

阿毛想：「欸～小光會不會是想用沖洗區的水把沙球沖掉，像剛剛在海邊一樣？」

這個靈光乍現的「懂」，這個忽然發現「小光會不會是想……」，前頭還有一個挺關鍵的思索點！這個關鍵的思索點是：當全世界都忙著是非對錯（沖洗區是不能放沙球的、沙球不能帶回去）時，阿毛並沒有卡在這裡，那，阿毛跑去哪裡呢？

阿毛跑去眼前這個語言表達還剛起步的一歲多的小男孩的內在。阿毛跑去小男孩的心中，然後，阿毛問了自己：**「小光想要的，會是什麼呢？他堅持的裡面，是想完成什麼呀？」**

該如何問自己問題？

這個簡單的問句，卻常常姍姍來遲，因爲我們忙著去顧這個顧那個，而顧這個顧那個什麼都顧，常常就顧不到那顆熱熱的跳動的心。阿毛自然而然跳出來的這樣的關鍵問句，其實，常常是工作坊示範陪伴主角的過程裡，我最常問自己的問句：

「眼前的這個孩子，正在堅持著什麼？」；「眼前的這個辛苦的孩子，最想要的，會是什麼呢？」；「這個生命，在哪裡呢？在哪一個季節，會不會正在低谷或爬坡……」；「在他的心中，這個別人實在不好懂的堅持，是爲了不失去什麼呢？」

很好玩喔~要不要試試看，在卡住的時刻，跑去對方的心底，輕輕敲敲自己的心門，然後安靜的問：「眼前的這個生命，想要的是什麼呀？」我偷偷的猜想，神舒體靜，自然呼吸，安靜換氣，正好就是這樣安靜的問句得以來到，得以流動的背後原因吧。

2 心法二：「改變的動量」

心法二，這裡用三個篇章來呈現關於「改變的動量」是如何得以發生的。這一篇，首先來說潛意識工作最核心的概念之一：「打開可能性的新動能」。

二〇二三年秋天，海葵颱風從東海岸登陸，颱風眼貞的從家園土地狠狠的掃過，十六級可怕撼動的強風幾乎把房子吹起。隔天早上，農村裡大家彼此關心彼此幫忙，也心傷著倒了過半的樹木和幾乎全毀的農作物。

身心特別敏感的我，感覺到土地的受傷，連著好幾天都有忽然就要湧出的淚水，同時因爲傷心在很裡面，表面上實在是看不出來的。連著幾天，滿地的斷垣殘骸，心裡知道怎麼撿怎麼搬移怎麼燒，也大概要一路忙到耶誕節前了。颱風過後的第四天，心中忽然跳出一個提醒的聲音：

「親愛的自己，不要只有耗盡心力收拾滿地殘骸，也要記得，一天一天，要繼續播下

種子，要繼續種植。」

這樣想，這樣提醒自己要來記得種植、這樣提醒自己要記得往下一季播種，除了能量上的平衡與流動之外，還有一個更底層的原因，那就是：不一直待在困在過去的哀傷裡，從現在到等一下的時間裡繼續生長、繼續創造，**繼續耕耘新的一片土地，繼續找尋生命的可能性**。

這個底層的原因，正好也是潛意識工作和其他諮商輔導學派很大的不同之處，這個底層的原因這個很大的不同處落在這個點：潛意識工作非常非常重視**「接下來時間裡的可能性（possibilities）」**。

打開可能性的新動能

這些年來，不少學生問我：「哈克，我們**爲什麼要探索可能性**呢？」

被問了好多年以後，在讀完《我可能錯了》這本書的剎那，書裡的某個段落讓我忽然懂了，我們爲什麼要探索可能性。

「那是因爲，**我們想要豐富這一生**；因爲生命的意義是：**找到你天賦的禮物**，然後分

享出去。於是，你有機會，**成爲你在世界上最想見到的樣子**。」

這幾個字當它是一個概念時，不一定有撼動的力量。試試看，把上面這幾個字，改成和自己正在說話，你就更有一份身體感可以感受文字裡頭的力道，**來，試試看眞的唸出聲音來，來，深呼吸一口氣，唸～：**

「那是因爲，**我，想要豐富這一生**。」

「因爲生命的意義是：**找到我 天賦的禮物，然後分享出去**。」

「於是，我有機會，**成爲我在世界上最想見到的樣子**。」

是不是唸著唸著，忽然會伴隨深呼吸呢！很有意思的。接收了感受了之後，就可以來看看裡頭的寶藏。我們一起來碰觸潛意識陪伴心法裡很核心的概念：「打開可能性的新動能」。

蓄積移動前的動能

物理學上，**移動，底層的關鍵不是速度，是動量**，英文叫做Momentum，動量等於質量乘以速度（M×V）。一個物體的**動量**指的是：**這個物體在它運動方向上保持運動的趨**

勢。（如果你讀到這裡已經昏掉了或者習慣性就要昏掉了，那，去倒杯水給自己喝，對，喝杯水看看窗外的樹和天空，然後再回來，深呼吸一口氣，繼續往下看。加油！加油！）

用白話來說，如果一個懂得使用**動量**的人，一個懂得美妙的**保持移動趨勢**的人，他通常**不會等到集滿**、**存滿**了力氣才移動。相反的，他會把握著，當自己有一點點力氣時，就去擁有一點點的速度，然後讓自己擁有、維持一個Momentum，保有一份移動趨勢。（**如果你覺得學生時代的自己實在物理和數學都不太好，讀到這裡實在很想放棄，請不要擔心曾經物理數學眞的不好，因爲哈克沒有要放棄，而且哈克會用很白話的語言文字還有例子說給你聽，一直到你聽到懂爲止。而且這個概念一旦進到你的心中，即將對於你給出的陪伴品質有顯著的提升。加油！**）

來近距離看看這個很可愛又傳神的數學式子：

動量＝質量×速度

在心理學上，我們可以試著這樣理解等號右邊的兩個東西，第一個，質量；第二個，速度。

來，第一個，質量，**質量像是一個人身上帶著有品質的好能量**。什麼是有品質的好能量呢？覺知心理學裡那些珍貴的心理元素都是，包括：遼闊、柔軟、帶著善意的愛、有彈性不固著。

如果生活中紅塵俗世裡，一天一天的練習，鼓勵自己今天來多一點點溫柔，早上多一點清晰明亮，晚上加一些暖意，這些有品質的好能量即將在移動發生的**那個剎那，瞬間跟上並且注入美妙的好狀態**，於是移動和改變可以不僵硬不卡卡也不隨波逐流。**（你看，這裡開始用心理學的角度來說明動量，你是不是開始有聽懂和跟上的感覺了！）**

接下來，第二個，速度。**速度是一個向量，是有方向性的**。移動朝向正東邊的堅強，和移動朝向西南方的柔軟，是完全不同的速度向量。我們藉由數學來拆解一下這個在動量裡很關鍵的內涵，速度：

速度=位移÷時間

位移，在物理學上指的是甲地和乙地的距離；在心理學上，我們似乎可以理解成：「從現在到未來的改變程度」，或者說「生命樣貌的位移」。而時間，是這**盼望的改變**所需要的時間長度，可能是三個月也可能是六年。

在心理學上，關於「速度是有方向性的」，我們可以這樣理解：「從卡住的或正處在的現在狀態，到底要**移動到哪裡去，會是自己眞心想要的**呢!?」

這裡說的**方向**，很像拉弓射箭瞄準的方位，對人生來說，大部分的時候，**「瞄準的方位」比起「力量多大、力氣多少」還重要很多很多**。這也是爲什麼在潛意識工作裡，對於主角所眞心盼望的未來景（intention），我們會花好珍貴的時間去澄清和架設，很底層的原因就是要一起合作把方位好好定位出來。

年輕的諮商師很認眞的不放棄的讀了又讀上面這一段偏艱澀的文字，終於忍不住問了：

「哈克，爲什麼要直接看**動量**，而不是看在諮商輔導訓練裡，更常被提到的**動力**或是**動機**呢？」

我開心的說：

「嗯，好，我來認眞回答爲什麼要直接看**動量**，而不是看更常被提到的**動力**或是**動機**呢？

只要接過一百人次個案的助人工作者都會知道，個案不是不會改變，個案也不是不願意改變。個案在被協助的某些幸運的好日子裡，的確會有動機湧現而且動力滿滿的時候，然後個案真的改變了，**可是，只是，不過，好可惜沒有持續**。哎呀，有時候好像沒來由的忽然就停下來了一動也不動，甚至，啊~還倒退了。

問題出在哪裡？出在改變的步伐中斷了，**沒有保持**繼續移動、沒有持續改變的趨勢。這時候，我們回來再看一次剛剛**動量的定義**：物體在它運動方向上**保持運動的趨勢**。聰明又用心的你，是不是已經發現美妙的關鍵字了！是**保持運動的趨勢**呢~所以，我們才要這麼專心的看待動量。」

年輕的諮商師的眼睛裡有一點點微微的光同時還有一層厚厚的雲霧，他很有毅力的想辦法繼續問：「哈克，那……在潛意識工作裡，動量要怎麼生成呢？」

很幸運能沉浸在潛意識的大山大海三十多年的我，很開心可以和年輕的一輩分享我半輩子的體會，我其實是帶著興奮的回答：

「潛意識工作裡，動量要生成的關鍵，落在兩個地方，一是有方向性的位移改變，二是設定的時間長度。也就是說，關鍵在於：從現在到**真的想去的地方**，拉出一條緊實的方向線，然後，**搜尋設定好潛意識跳出的時間長度**，於是接下來，這個動量，這個保持運動的趨勢，那保持移動改變的趨勢，很有機會可以陪伴我們前行。」

搜尋設定好潛意識跳出的時間長度

哎呀～年輕的諮商師眼睛裡的那層雲霧，看樣子需要足夠明亮的一陣清風才吹的散……對啊，什麼叫做**「搜尋設定好潛意識跳出的時間長度」**?!這樣說，這樣奇怪的描述，明明就是中文怎麼聽起來像是義大利文，如果這樣一聽就能夠直接懂了到底是什麼意思，那還真的詭異呢！

所以啊，我把握時機，繞過意識的正常思索辨別軌道，打算走去感受和體驗的世界。於是現場帶了下頭這個引導冥想「關於陪伴的容器」。這裡頭不只包含了現在景和未來景，還有還有～**潛意識跳出的**時間長度呢！

〈會跳出數字的容器〉引導冥想

如果你願意，邀請你把眼鏡啊手錶啊，摘下來。來，做三個深呼吸。把右手，放到頭頂輕輕地往下滑，經過耳朵、耳垂，經過嘴唇，經過喉嚨，經過心口沿著抵達你的肚臍。再來一次喔，用你自己的速度做這件事。

這個動作在說：親愛的頭腦，可以暫時放下休息喔～剛剛已經好認真學習了。

接下來，十分鐘左右，我們來聽聽心裡的聲音吧！邀請你跟我唸剛剛這段話，真的唸出聲音來，你可以一邊移動你的手，慢慢從頭頂移動到肚臍這個動作，一邊說：「來，一起來。親愛的頭腦，等一下，大概十分鐘，你可以安心的休息喔，因為你剛剛已經很努力學習了啊！」來，自己再說一次。

如果你的微笑可以上來，讓微笑上來；如果有一種對自己的喜歡可以上來，讓喜歡充滿你的身體從頭頂到胸口到肚子到大腿到膝蓋到腳踝到腳掌到腳趾頭，很好；如果有一份信任來到了，把你的手打開，往前，迎接它，對～真的把手打開來，真的迎接；如果有一份開心可以來到，那來開心的迎接這樣的自己。

不知道你有沒有聽過這樣的說法，一個人，不一定是因為幸福，所以微笑；而是因為微笑了，所以幸福啊！有時候，只要把手打開來，吸氣，手往前伸，你就可以迎接微笑了呢！你可以這樣說：「微笑啊，來吧！」然後，微笑和伴隨的幸福感，就真的來啦！

潛意識工作很好玩的地方就在於我們不用那麼認真的去區分什麼是真的，什麼是想像的，因為只要立體而飽滿的想像那就已經是真的。聽說，拍出很好看的動畫龍貓和波妞的日本導演宮崎駿，也是這樣看待生命的吶！真好，嗯～吸氣，手往前

伸，和自己說：「微笑啊，來吧！」吐氣，真的好像迎接到了一種幸福感。嗯～這樣的吸氣～吐氣的聲音，好好聽啊～

邀請你呀，在你的心裡，看到一個很像是一個容器的東西。如果你陪伴人或陪伴自己時像是可以有一個容器，那個容器多大？長什麼樣呢？你的手可以開始動起來～對對對對～從不同的角度看看它、摸摸它，甚至可以「ㄉㄧㄥ～」彈它一下，看它是……什麼材質……是什麼顏色呢？它是什麼做的？怎麼形容它會很好聽呢？

有人說，容器不是容量很大比較好，不是哦……有的容器，可以小小的很可愛，大的很好，小的也很好，有看過長長的高高的那種啤酒杯嗎！呵呵，好像是可以裝進快樂的容器啊！有些容器，可能像……那個鑄鐵鍋，嗯，都可以，可以大，也可以小。

如果有一個陪伴的容器，在你心裡，那個容器你會怎麼靠近它呢？哦～你還可以把你的臉頰靠過去，碰碰它感覺它的溫度，對～很好～喔好可愛喔～好好看的畫面喔～對～很好～安心的、完完整整的、立體的、飽滿的去靠近它，對，還可以聞聞看它的味道……

這個容器呀，如果今天裝了什麼，你會微笑起來呢？可以是自己的一部分，可以是你很喜歡的人的一部分，也可以是聽到的一句話。裝進什麼？你會好開心，也更喜歡這個容器呢？

來～左手或右手，可以慢慢的，好好的，把這些喜歡的都裝進來喔，完整的體會，對對對～進來～歡迎你歡迎你的到來～對～～～你知道嗎？容器是可以很多變化的。它裝進一個新東西它就會有一點變化喔！現在變成什麼呀!?好好玩喔！全世界只有你看得到耶～

對～很好～～摸摸它、看看它、欣賞它、想像它、擁有它，它今天長這樣，如果在可預見的未來，如果在一年以後、在三年以後，甚至十年以後，你有一個希望的未來模樣，你希望這個容器它變成怎樣？

對～未來的一天，喜歡的自己的那個容器，會是什麼樣子呀！讓你的手動起來，接觸著感覺著～對對～迎接它、歡迎它～哦～變成這樣喔，它多了什麼或少了什麼呢～那都很珍貴喔！有些時候連材質都會變喔！很有意思的！很好玩哦！對～用你需要的所有的時間去靠近它、更懂它。

然後啊，如果你不確定那是幾年以後，你可以這樣跟潛意識說，親愛的潛意識～來，跟我一起唸：「親愛的潛意識，等一下，在這個容器的正中間啊或是上方啊，忽然會彈出一個數字，可能是像水一樣透明的，也可能是像木頭一樣有刻痕的，可以是任何的形狀……等一下，我數1，2，3的時候，這個數字就會彈出來！」跟著我一起數1，2，3喔，我要讓你見證自己潛意識直覺是多麼靈巧的剎那！跟著我唸，「1，2，3數字～彈出來！」

用手比給我看，它出現什麼數字，它可能是幾年的意思，可能也是在告訴你未來以後即將到來的美好！真好，歡迎這個數字的到來～把手放在心口，深呼吸跟潛意識說謝謝。從今天開始你就可以看見自己的未來，你就可以看見自己未來的數字，不用一直在靠別人的建議跟指引。接下來一分鐘我不會說話，把時間留給你、跟你的容器，跟你的內在，想說什麼、想聽什麼，安心的跟它互動吧！像是個久別重逢的好朋友。準備好的時候，做三個深呼吸，回到這裡。歡迎回來～

上頭這個不短的引導冥想大概有二十分鐘的長度，年輕的諮商師安靜的在心裡經歷了他的世界，聽到了我說歡迎回來，他眼睛眨一下又快速眨了三下，登～一聲的睜開了明亮的雙眸，他說：

「哈克，好神奇喔！我真的看到數字耶，是5！是五年。你的聲音帶著我，看見了現在的容器，那是一個竹筏喔，是八根長長圓圓的竹子用粗粗的麻繩綁起來的竹筏，可以容納兩個人和一隻小狐狸。還有～未來的容器，好好玩喔，我看到的是一個水上餐廳！！有燈光很炫的小吧檯喔～」

哎呀！眞是太好了。現在的容器是竹筏，五年之後可以立體的感覺自己是水上餐廳呢！好傳神又好能連上想像的感覺喔。有了這個畫面，年輕的生命，很有機會擁有精采豐富的接下來啊！而且，這麼一來，上面說的**「搜尋設定好潛意識跳出的時間長度」**就忽然雲散風清的懂了體會了。

慢慢移動成自己喜歡的模樣：從竹筏移動到水上餐廳

這個活跳跳的例子，正好很適合拿來理解潛意識的動量公式裡的**速度**。在這個實例裡：

速度＝位移÷時間

位移（現在到未來的改變程度）＝從**現在的竹筏**移動到**未來的水上餐廳**。

時間（潛意識透露的盼望改變所需要的時間長度）＝5年。

改變速度＝（**從竹筏↓↓↓水上餐廳**）÷5年

有沒有注意到，潛意識對於生命裡偏大的移動偏大的改變眞的很有智慧和耐心，因爲五年是不短的時間長度啊！所以，不是一個忽然來到的很快的會讓主角過於無法承受的改變速度，而是眞的允許了自己，慢慢慢慢的移動成爲更想成爲的自己。

那，「爲什麼我們不像大部分人一樣，用意識來設定目標，把清晰的步驟定下來，然後拚命奮力達成就好了呢？」我們下一篇，來細細講。

3 潛意識動量的運作機制

上一篇的最後，結束在一個眞的不容易回答的提問，這是三十年來學生們重複問我的好問題：

「爲什麼我們不要像大部分做生涯規畫的人一樣，用意識來設定目標，把清晰的步驟定下來，然後拚命奮力達成就好了呢？」

我的心中跳出了一個畫面，**意識的動力**很像是汽車的引擎，路況好汽油足的時候眞的可以跑的很穩定，但是，當天候不佳汽油又不夠的時候，引擎就只好停下來。相對的，如果你和自己的潛意識建立了**好朋友的穩固關係**，**潛意識的動量**會很像是提供礁溪高品質溫泉的穩定地熱，有一種**源源不絕的可能**。

什麼意思？意思是意識的動力常常只有三分鐘的熱度而潛意識的動量就自然而然又源源不絕的提供穩定地熱嗎!? 當然不是。

學習運用潛意識資源，不是爲了打壓意識。就像是學習**潑墨畫**不是爲了打壓**美麗細緻的工筆畫**；而享受衝浪潛水**熱愛感受原始水流力量**，不是爲了打壓**獨木舟上意志力專注用心的一槳一划和認眞使力**。

意識和潛意識，註定，是要彼此珍惜的，一起合作的吧！！！

動工寫這篇文字的這一天，正好是海葵颱風十六級強風肆虐東海岸之後的第七天。一如往常，我清晨餵飽了十五隻咕咕咕認眞生蛋的母雞之後，開始專注書寫六十分鐘。

一個小時之後，我戴上工作手套，推著做農用的獨輪車，在大菜園和貓頭鷹菜園之間，來回一趟一百公尺，推～前進～把朋友七月底送我的有機粗糠稻殼一車又一車的，推到風雨摧殘之後還依稀勉強可見的這一畦那一畦，完整覆蓋，照顧著土地。

早上十點半，來回一趟一百公尺，推～前進～推～再前進～汗流浹背第一波一共十趟。回到房間洗澡，打開Mac繼續書寫一小時。然後，再起身推著獨輪車推～推～再前進～汗流浹背第二波再來個十趟，一個早晨累計兩三公里。

這樣的**意志力支撐的**農作，是**意識的計畫努力和堅持**。而對於三個月後菜園的冬季收成的那個在我心中**嚮往的盼望畫面**，是在**潛意識的土地播下的希望種子**，這個盼望的畫面，形成一股不小又持續的拉力引領著我每天開心的投入農耕。這兩個，意識和潛意識，是一起合作的。

過去的一百五十年來，大部分的諮商輔導訓練的確比較著重在意識（例如像是現實治療、認知治療）。而我的前半生，比較熟練的是潛意識的運作，所以，我們接下來，來看看相對於偏意識的大部分的諮商輔導，哈克熟悉的**潛意識工作特徵**到底在哪裡，來看看這兩個特徵：

特徵一，在於質量；

特徵二，在於位移和改變有方向性。

這裡，先來專心講「質量」。質量這裡很有意思喔，上一篇關於動量的心法寫出來之後，大江南北的學生們可興奮了～

南臺灣的年輕諮商師這麼說：「哈克！上面的文章，我來來回回讀了好幾次。有好多個部分我都好喜歡～一個是生命的意義、豐盛的一生和可能性，這段把我拉回為什麼自己會著迷於潛意識工作，是因為能夠探尋『可能性』，很像是打開疆界，不用被**原本的形狀限制住**，然後有機會遇到**眞實的**、**尚未發現**的自己。

另外一個是移動的動量被公式化，講解的好清楚！『質量』，我很開心哈克把它放在動量裡，這關乎著『我想要**帶著什麼樣的質地**前行』，這是我很在意的！很有意思喔～我想像中的潛意識動量眞的也是一**大管的能量**！！！」

西邊的諮商師也有精準的見解：「我覺得哈克的潛意識工作，重在『流動』、『流通』。因爲流暢了有好品質了，才能眞的感受到未來景的power，眞的共振到生命裡頭。這也是爲什麼剛開始參加工作坊的時候，成員們似乎都需要浸泡一段日子，一次一次讓自己流動流暢起來，進而逐漸擁有『有品質的好能量』。感受到那份好能量和共振，然後開心的帶回生活中。」

哈哈～眞精采！這麼難讀的文字，竟然讀得下去、讀得完、還讀得懂～眞是用心投入生命去學習的年輕人啊！關於西邊諮商師看見的「流動流通」的潛意識工作重點，其實，在生命感覺到流動流通之前，還有一個更源頭的核心元素，叫做「親近」。當我們眞的親近自己，然後又生長到能親近想親近的人，這樣一來，因爲親近自己，所以身體生命的氣就流通了，然後也因爲親近想親近的人，身心環境的能量場就流通了。

是啊，這兩個年輕的諮商師都讀懂了「質量」這個核心概念。在潛意識工作裡，協助一個人身上逐漸帶著「有品**質**的好能**量**」，是觸發**改變最重要的元素**而且是**必要的元素**。

也因為如此重要，所以才需要動用物理學裡最最最核心的概念：質量。

特徵一：有品質的好能量

什麼是有品質的好能量呢？如果啊，遼闊可以在；倘若，柔軟慢慢形成；而帶著善意的愛、帶著愛的善意可以交織相伴於生命的苦和難，於是，帶著愛的智慧一天一天更有彈性更不固著，那麼，**有品質這件事，活著的品質持續的提升這件事，其實本身就已經是美麗的移動和改變了**。

那是吐納之間，自己會感覺到的好狀態。**不是知道喔**，是**感覺到體會到體悟**到；真的**不是只有知道喔，那是一份帶著觸動的發現，也是一種伴隨微笑的感受**。

我的第九本書《陪伴心理學》，很開心邀請到好朋友素婷幫我寫推薦文，素婷的心很安靜很純粹，有一陣子我因為忙著南來北往帶工作坊，文章都在電腦裡排長長的隊等候，因此，素婷關心的問我：「哈克，怎麼好像最近都沒有新文章？要多寫啊，有些時間沒看到文章，有想念。」

我收到了好朋友的**「有品質的好能量」的鼓勵**，努力了一個月，終於有了上一篇動量的突破性書寫，而且文章的最後說了一個「會跳出數字的容器」引導冥想，我立馬傳給素婷看，於是我們有了下頭可愛的對話：

「眞好看，我有**跟著做容器的引導冥想**，有**很多很多微笑**也有**容器**跟**數字**耶。」素婷說。

「哇哇~是什麼~想聽！」

「一個圓圓肚子的陶壺，然後數字是2。」

「哈哈 好可愛哦~」

「對吧！」

眞的是這樣的。不是用想的，不是用讀的，是：**閉上眼睛眞的跟著容器的引導冥想，走進內心，抵達深呼吸後頭的心跳聲，心裡的眼睛看見了感覺到了**自己的一個圓圓肚子的陶壺，而且，還可以收到跳出來的數字2呢~

所以啊，怎麼樣可以提升質量？我猜你已經猜到了，怎麼樣提升質量這件事，在潛意識工作裡，可能不是一直講解下去然後讓你知道明白，而是要來**去體會去感覺**的。在這本書的〈和親近的人一起做的三件事〉有很好的體驗方法，能夠讓我們在日常生活裡質量得以順暢的提升。

特徵二：位移和改變有方向性

上一篇我們細細看了質量，有品質的好能量。這一篇，我們來專心的碰觸**「位移和改變有方向性」**。好幾個年輕的助人工作者讀了我前幾篇文字之後，很有感覺的這樣和我說：

「我好喜歡哈克說的那個潛意識的『地熱』隱喻，有品質的好能量在內部穩定的流動，真的得以支撐著地表的生命運行~是不是這個地熱，其實是生命生長伸展的本能，於是**如果我們的內在與它親近不分離，它其實提供的能量會剛剛好，但又不需要太多的努力！**」（哈克：「真的是這樣，關鍵真的是和潛意識的親近不分離。」）

「我覺得啊，流暢不卡卡的好狀態好品質（質量），帶上一個往未來的渴望和藍圖時，真的可以讓『動力』持續下去，變成『動量』。

真心的渴望（未來景）很像柴火，時不時的添加進來；而好品質的狀態，就像一個好的甕或窯，有一種順暢的流動，讓熱度可以持續的運作~」（哈克：「是啊是啊，好的質量真的很像是一個導熱舒緩的甕、也像是一個不小的窯持續一整夜不燙手但熱度足夠。」）

「哈克，好開心看到你寫的關於質量。不知道爲什麼忽然想到很多年前做的**沙盤畫面**，還有幾個陪伴的孩子的經典沙盤。**潛意識啊，似乎在我們還不知道的時候就知道了。而那些不應該不可以不可能，都暫時被巧妙的放置一旁。**」

哎呀！精采啊~沙盤、沙箱，這是在遊戲治療裡普遍被使用的工具。一般來說沙箱比較大，小朋友可以踏進沙裡，而沙盤比較小通常放在矮矮的小茶几上。在遊戲室裡，從擺放各種微縮模具公仔的架子上，選擇象徵自己狀態的小動物或植物，擺進沙盤或沙箱裡，還可以把厚厚的沙挖開成爲一條河道或堆成一個小山丘，對我來說，是美妙絕倫的潛意識工作路徑。

是啊，潛意識，**眞的會在我們還不知道的時候就知道了**，然後，不知不覺中，已經在沙盤上頭擺出一個景、創造了一個畫面、表達了盼望、說出了心事、說不定也表達了渴望。

當沙盤上擺出的是過去景，那是說出了心事說出了傷心說出了思念，於是陪伴者可以懂了主角意識表層那些故事底下的心跳和眼淚；如果，**沙盤上擺出的是未來景，那很有機會創造出有方向性的，更靠近想活出模樣的未來風景。**

移動的方向帶來一份張力

你一定還記得那個很簡單的物理學式子：

改變的動量＝質量×改變的位移÷時間

改變的位移，指的是一個生命從這裡移動到哪裡的改變幅度，這樣的改變位移，其中一個重點就在於**方向性**。在心理學的世界裡，什麼是方向性呢？我來用幾個角度來細說完整。

那天，在北臺灣陪伴心理學高階工作坊即將來到的八天之前，我請主辦單位發出一封課前熱身閱讀內容通知信，信裡是這樣寫的：

「親愛的朋友們，期待已久的高階工作坊終於要來到了，下頭的頁數是第一波的課前閱讀：《陪伴心理學》這本書的第十三到十七頁、五十九到八十六頁。這一波的**秋季限定品嘗指南**是：一邊看書裡的文字，一邊問自己：『這一行這一句這一段的哪裡，是我真心想要活出來的模樣？』。」

我**眞心想要活出來的模樣**，從現在的模樣移動到「**想要**」**活出來的模樣**，這就是方向性。而潛意識工作的方向性，不只是**盼望活出的未來模樣**，同時也是**與自己本質天賦吻合的**那個方向。這兩個方向「**眞心盼望的模樣**」和「**本質天賦**」的交織，帶來了一股潛意識底層的獨特張力。

年輕社工師的種子和大樹

關於**眞心想要活出來的模樣**，來說一個潛意識運作的很可愛的例子，這是一個很年輕的社工師和哈克分享的故事：

「這陣子，正好轉換職涯，成爲自由接案的工作者。上個星期六在工作坊裡，哈克邀請我上臺做『嗨卡四』的隱喻引出卡片使用示範，哈克問了卡片裡淺中深三疊中的編號中#15，問句是：

『在你生命的土地上，如果可以祈禱，你盼望飄來落下什麼樣的種子？土地上的陽光從哪裡來，水源從哪裡引入，想邀請你閉上眼睛，用手比給我看，好嗎？』

我的心中，看見了一顆自由的種子，接著畫面裡出現了三個主要的東西：發芽的種子、巨大的樹、河流。

發芽的種子，很有趣，那個芽是彎曲蜷在一起的，像是棒棒糖的螺旋狀；巨大的樹幹，高又寬廣，樹葉茂密廣盛，陰涼透著光；河流孜孜不倦，清涼又舒適。

我自己解了一下：**種子是我的『植芽（職涯）』**，首先，竟然發芽了，我相當震驚。好奇了一下彎曲的芽，那身形很像是鞠躬的樣子，說的是還幼小，先多些謙遜的心來待人。而巨大的樹幹，指的是種子未來的樣子，我的未來是要這樣又寬又廣讓人遮蔭蔽涼的。河流指的是資源（水源），說的是用資源澆灌就會長成大樹。

回來現實的這幾天，剛好有幾份不同的工作邀約，其中有一份，是穩定的兼職行政職，那時，我正在考量要不要接下來。**眼睛一閉，馬上想到大樹，我就明白了**：我要的工作，是要幫我長成大樹的。所以啊～這份工作並不適合我的渴望，清楚了，就好做選擇囉。」

很有意思厚～心中跳出的隱喻畫面，真的可以在人生的彎曲河道和蜿蜒山路裡，幫忙我們做更靠近自己的選擇呢！這，就是好珍貴好珍貴的**特徵二呀～位移和改變的方向性**。

想像一下，如果你心中出現的隱喻畫面是一朵白色茉莉花，在跨年的第一天清晨曙光照進來的時候，你忽然在心中看見白色茉莉花上頭的露珠亮著閃光，哇～這很可能透露著心裡的靈感正在來到呢！這個時候，說不定就可以在心裡立下志願，這一年啊，多讓自己使用核心的力量來做和創作創造相關的事！

當這樣碰觸自己生命獨特的**方向性**，同時，和**自己的天賦交織**也和自己盼望的人生呼喚（calling）持續校準，不只活出了盼望的模樣，前頭說到的質量，有品質的好能量狀態，還能持續的提升呢！

潛意識改變地圖ABCD

1 什麼是「潛意識關鍵字trance」？

trance這個字詞，是潛意識工作裡最常被使用的英文字。這個字啊，中文很難翻譯出它的本質，投入耕耘了三十年之後的一個早晨，我的心忽然一道閃光乍現：「啊～trance就是**讓意識失神，讓潛意識入神**。」趕緊趕緊請教我的大師兄凌坤楨老師！這天，我們的對話是這樣的：

「今天早上忽然想到trance的中文新定義，trance**狀態：讓意識失神，讓潛意識入神**。」

「哇，這是你自己定義的嗎？」凌老師說。

「我忽然想到的！所以想請大師兄指教！」

「我上課時有時候要解釋它有點費力，有時候說是『輕微恍惚』，我記得早期會說『出神』，後來有時候也說『入神』，但會發現這（出神和入神）不是相對義的相反的字嗎?結果你的這個解釋,完美的解決這個困境。」凌老師這樣回我。

哈哈~太開心了!找了三十年終於找到了這個中文涵義了!

trance的立體想像

這個好不容易才新鮮出爐的新定義,讓這個關鍵字有了新的生命。或者說,這個新定義,讓trance這個字**有了中文的體感和觸感**。

trance狀態:讓意識失神,讓潛意識入神。輕微恍惚,其實很像失神。我想:「啊,**對~那個失了神的,是意識啦**。」對呀,當意識失了神,暫時讓出了時間和空間,那:「是誰進入了主河道呢?是潛意識,潛意識入主了那珍貴的心流主河道(入神)。」

關於trance狀態,來看看充滿智慧的達賴喇嘛曾說過的一段話語:

「我們都能感受到,被生命力包圍的需要。我們需要**會成長、茁壯、生氣蓬勃的生命圍繞在我們四周**,因爲我們都渴望成長、茁壯、生氣蓬勃。」

這段話語啊,如果你是處在意識狀態,你很可能會發現即使很認眞的來回讀十次,也好像不知道達賴喇嘛到底在說什麼。可是啊,如果深呼吸一口氣,讓微笑上來,開始想像……

〈trance立體想像〉

「達賴喇嘛說，嗯，**被生命力包圍……上一次我被生命力包圍是什麼時候啊**？歪著頭輕輕的搖晃一下身體，嗯，啊～～～那天去臺南打網球比賽，參加一百一十歲組（雙打的搭檔的年紀兩個加起來），那是冬天的早晨，空氣很冰身體好熱好活潑好興奮，我們一早就去練習區那裡很開心的熱身，哎呦～好熱血啊啊啊（**這一秒潛意識入神了trance來到了**）！好像此時此刻也快要流汗了啦。

即使空氣很冰，熱騰騰的生命力包圍著的這個畫面，真的帶給我一份茁壯成長的感受，對耶，也有生氣勃勃的感覺呢～這是，這是生命力正在包圍著！原來達賴喇嘛說的是這樣的感覺呀！」

感覺到差別了嗎？達賴喇嘛的這段話語啊，你在眞的飽滿立體的感受過之後，再回去讀一次：「我們都能感受到，**被生命力包圍的需要**。我們**需要會成長**、**茁壯**、**生氣蓬勃的生命圍繞在我們四周**，因爲我們都渴望成長、茁壯、生氣蓬勃。」

像是這樣，在trance狀態下，意識暫時失神潛意識飽滿入神，我們忽然能夠一**邊深呼吸一邊把智慧的話語帶著感受收到心底了**。很開心，有了trance這個更貼近更清晰的中文涵義來到，這麼一來，接下來要描寫的潛意識改變地圖，將會能夠貼近的擁有珍貴的中文觸感。

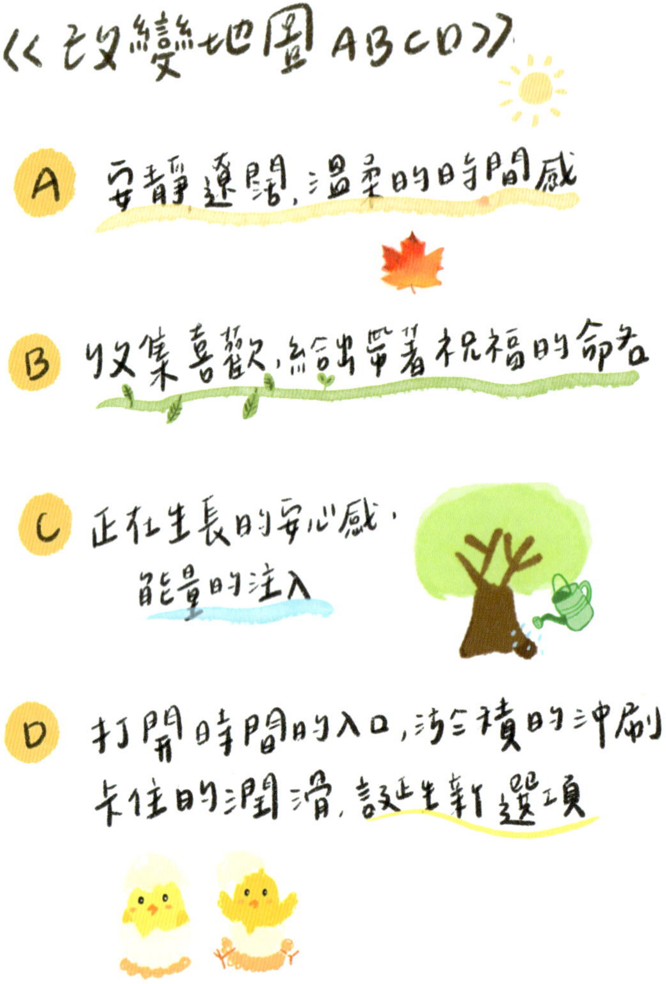
《改變地圖ABCD》
A 安靜遼闊，溫柔的時間感
B 收集喜歡，給出帶著祝福的命名
C 正在生長的安心感，
能量的注入
D 打開時間的入口，淤積的沖刷
卡住的潤滑，誕生新選項

潛意識改變地圖　　（繪圖：黃舒云）

2 潛意識改變地圖

A「安靜、遼闊、溫柔的時間感」
B「收集喜歡、給出帶著祝福的命名」
C「正在生長的安心感、能量的注入」
D「打開時間的入口、淤積的沖刷、卡住的潤滑、誕生新選項」

如果潛意識改變地圖像是一棵大樹

如果潛意識改變地圖ABCD像是一棵大樹，那麼：

A**「安靜、遼闊、溫柔的時間感」**像天光像這個季節的風，是身心環境裡讓人逐漸安頓的溫度和濕度；B**「收集喜歡、給出帶著祝福的命名」**像樹上的一片片小葉子，有的是剛長出來的嫩葉，有的是已經存在好久的古老葉子；C**「能量的注入」**像是一棵樹的樹幹，包括主幹和大的枝幹，支撐承載著生命的延展；而**「正在生長的安心感」**是那好珍貴的養分和水分的輸送帶；D**「打開時間的入口」**像是能夠靠近甚至走進大樹的樹根，碰觸底層的渴望或需求；而**「淤積的沖刷、卡住的潤滑、誕生新選項」**像是那最後終於的雨過天晴擁有光亮不再害怕漆黑。

帶著方向順序的ABCD

ABCD是有漸進的順序的①。順序上，陪伴時，我們準備著A，先「安靜」的聆聽，「遼闊」的給出空間，帶著「溫柔的時間感」來到你我和天地之間；然後我們逐漸走到B「收集喜歡、給出帶著祝福的命名」，慢慢的把喜歡找出來說出口累積厚度和強度，建造了陪伴者與主角之間的連結感。

哈克說明：

①：ABCD是有順序性的，但是，不是只能固定這樣順著走，特別是ABC，是可以走來走去、交替前進、彼此扶持的。像是A的安靜遼闊，能夠遍布整個改變歷程，是最美好的陪伴呢！

在B的位置，因爲有了溫柔的時間感又逐漸形成了帶著喜歡的連結感，**這個時刻很關鍵，因爲這是「trance狀態」即將來到的美妙天光，在這個連結感裡，意識終於願意暫時讓位恍惚失神，於是啊，潛意識入神降臨如有天助**。

當連結感逐漸扎實，當trance狀態逐漸順暢，陪伴的品質裡開始**逐漸有了C1「生長中的安心感」，這個時候，**C2**「能量的注入」才更有好的基底可以灌注進去！**換句話說，「生長中的安心感」需要足夠，「能量的注入」的力道會更充沛，要不然，如果**安心感**沒有來到，那麼主角內在接收的容器很可能會像一個無底洞似的。這可不妙，因爲這麼一來，即使**找到了**再多的能量，因爲洞太大，怎麼儲存都**儲存不起來**。

我們來看看**剛剛那個不妙的相反邊（也就是安心感很順暢的生長著）**：如果隨著眞切的互動、隨著聆聽、隨著表達和被懂，正在生長的安心感像是那大樹幹裡養分和水分的輸送帶一天一天的更流動順暢更豐沛！長大著生長著延展著，那麼，能量的注入差不多是時候可以準備全面啓動了，因爲這個時刻收集到的能量即將**飽滿的儲存起來**。

在C這個位置，trance狀態扮演什麼角色呢？先說C1**「正在生長的安心感」**不是一**種被說服的意識狀態，也不是一種被話術給哄騙的結果。正在生長的安心感，是一種帶著深呼吸的體感和直覺**，很像是一份安心的打從心底的吐氣感，**這種帶著體感的身心安頓，幾乎只有在trance狀態時，才能如此立體而飽滿的來到**。

那C2呢！能量的注入，不管是前面技法裡的「可愛的哇啦哇啦」、正向語詞的「嵌入手法」、「資源經驗的喚醒」，每一個注入的好東西，特別是在trance的好狀態下，因爲意識安心到願意放下強大攔阻的高牆，因而注入這個動作，可以大管大管的灌注直達身體根部。

陪伴的時光繼續往前走，當C1「生長中的安心感」和C2「能量的注入」逐漸飽滿扎實，陪伴的路徑常常會自動的走入D**「打開時間的入口」**。時間的入口有時候很像是天空厚厚的雲打開了一個亮亮的小圓圈，有時候像是溪流的一個小漩渦轉個美麗的彎划入靜靜的湖水，有時候像是一個長長曲折的山洞終於有了點亮的燭火可以低頭走進。

時間的入口可以是過去的一段經驗，也可以是未來的一個盼望期待和想像，打開時間的入口的那個剎那來到的時候，主角的眼淚和笑意常常是美不勝收而且動人心弦，因爲那不是想起過去或是想像未來而已，而是整個人整個身體整顆心都全然的正在活著正在經驗著那個時光。

在D「打開時間的入口」這個位置，trance狀態扮演的角色**是必然的必要的必需的**。換句話說，如果意識沒有讓位，主角沒有處在trance狀態，那就**打不開**時間的入口。

最後最後，如果陪伴者對主角有足夠的喜愛，如果主角對自己有準備好資源和力量的信心，如果天地之間有和煦的暖意，如果安心感已經累積厚實，那麼，打開時間的入口裡好珍貴的「把遺落的自己帶回心裡的家（Take Home）」在靠近陪伴的尾聲很有機會到來，同時，「淤積的沖刷、卡住的潤滑、誕生新選項」常常也會順流而至自然浮現。

這個ABCD地圖一旦清晰了，潛意識工作裡的陪伴即將更有方向感，也更有帶著光亮的指引。

A「安靜、遼闊、溫柔的時間感」

A的這三個「安靜、遼闊、溫柔的時間感」，是後頭所有美妙改變得以發生的**狀態源**

頭，這裡的狀態，指的是「**陪伴者的好狀態**」。在哈克的第九本書《陪伴心理學》裡有完整的說明和舉例，有時間的時候，把書拿在手裡慢慢再讀一回，就會感覺到這三個基本功的存在。

安靜，才聽得見前腳的眞心盼望，也才有辦法深刻懂得後腳的掙扎與憂愁；**遼闊**，是心理空間學最重要的基底，陪伴的心如果遼闊了甚至抵達疆界之外，那麼搖晃的震波更有機會打開心裡原本以爲不存在的空間，因而得以聽見下頭B裡面**本來沒有想到要分享的那些關於喜歡的故事**。技法上，盤旋的翅膀透過語法的給出多種選擇，也是遼闊的實際操作入口。

在學習的路徑上，安靜，常常在自我照顧之後來到；遼闊比較沒有辦法強求，常常需要在年紀到了之後才逐漸擁有；而溫柔的時間感，最能在實際給出陪伴的鍛鍊裡生長出來。在這個篇章最後的陪伴逐字解析「雪花片片解夢實錄」裡，讀者即將可以細細感受這三個狀態源頭。

B「收集喜歡」

「收集喜歡」是後頭的那些滋養和照料得以發生的**互動源頭**。在實際的聆聽和真實的互動之後，陪伴者把看到的聽到的喜歡的欣賞的觸動的畫面故事**「說出口」並且「收進心底」**，**同時「存檔」**在陪伴者與主角的心中，並且安放了一個**快速連結按鈕**②，像是隨時可以在電腦的桌面即時提取使用。

♥哈克說明：

②：安放的這個**快速連結按鈕**其實就是給出一個「帶著祝福的命名」，在哈克第九本書《陪伴心理學》裡有完整的篇章！

關於收集喜歡，來說一個活跳跳的例子。那是東海岸的一個小型工作坊的第二天早上大約八點五十五分，那天表訂九點開始上課，我正準備要從成員們吃森林早餐的屋子走去教室，那是一條有點陡的上坡小路，不近不遠的看見一個大男孩，很年輕的社工師阿白一步併作兩步的跑跑跳跳的跑進了教室打開的木門……（這是我的心第一次和阿白的相遇畫面呢！）

看到這個畫面，當下我沒有說什麼，但是感覺到心中一陣悸動。於是，那一天早上的開場，我好觸動的對著工作坊的成員們說了這一段話：

「剛剛啊，我早上走上來的時候，看到阿白用很快很青春的速度，跑跑跳跳的穿過人群穿過小路中間的咸豐草快速的穿過木門，然後咻～～一聲就找到離我的麥克風很近的位置和想聽課的角度，咚～～立馬坐了下來。

哎呀，我心裡想，這個畫面也太好看了吧！怎麼會有這麼年輕的心，活跳跳的**衝進教室**，一點都不像在學校教書的時候比較常看到下課的時候學生快速迅速的**衝出教室**～哎呀，這顆年輕的心，怎麼會這麼想要來到這裡呢！這個衝進教室的畫面眞是太好看了……」

而阿白用他的語言描述同一個時空：

「其實，那天我睡過頭了，一睡醒，發現自己快來不及進教室，所以跑跑跳跳的衝進了教室。哈克的東西，我不知道爲什麼莫名的太喜歡了，好好笑好鬆軟又好安心，我知道我可以放心的收下，而且，繳了那麼多錢，實在是不想錯過，所以才有一幅阿白跑進教室的美如畫。

我還記得，哈克那天花了好些時間而且好幾次停留在我跑進教室的這個畫面，**其實哈克每停留一次，我的心就震動一下**。我不是很清楚那個震動是什麼，好像是**被在意了**、好像是**被記得了**、好像是**被接納了**。**是那天的停留讓我後來可以安心地說出關於自己注意力的事情。吼，說到這裡，原來！原來是從這裡開始的喔！**」

這，就是「收集喜歡」。很單純的把看到的喜歡的畫面，**說出口**然後**收進彼此的心底**。聰明的你可能已經發現，哈克沒有選擇用「蒐集」這兩個字，而是用了「收集」。關鍵原因就是，陪伴一個人，不是好像到處物色某些特定標的物的「蒐集」，而是**深呼吸一口氣帶著真心的喜愛，收集到了心底**。充滿活力的阿白，告訴了我下頭這些後來**收集到的**下一段話語，他說：

「我是ADHD的孩子，注意力缺失過動症是背在我身上的病名。那時候我對自己還很苛刻，老覺得自己注意力缺失一點也不適合做文書行政，面對社工一堆文書的作業，以後不知道怎麼辦。

印象好深刻喔，我第一次在哈克的工作坊講到自己的ADHD的時候，哈克竟然說：

『這很好，這是注意力跑來~跑去~，阿白擁有的，是可以快速切換注意力的能力。』

真的耶，對我來說真的是這樣，**我確實從小就可以快速切換注意力，而且總是能夠迅**

速的舉一反三。當我把這樣的能力帶回到自己困頓的生命裡，這也才想起來，我啊～其實是個很會帶團體、做個案工作的人，我很會想不同的教案、接梗、講幹話。有沒有可能，社工這個領域裡會有些位置適合我呢？想了半年，想到可以成為一名行動社工師，雖然一開始薪水會少了至少一半左右，但，有很多創意發想的空間，我猜可能會很適合我喔。於是，八月就要去挑戰當行動社工師啦～」

這裡很有意思的地方是，根據主角的推論邏輯，這個關於自己「可以好好使用注意力快速移動能力」的分享，是前一個喜歡「活跳跳的想要學習」被飽滿的收集了之後，在安心的感覺裡跟著來到的呢！

收集喜歡，還有很自然的方法，叫做收集**「哦～原來你喜歡這個！」**，這是只要帶著微笑聆聽，就很自然的會聽見呦～像是：

「喔～你喜歡打籃球，哦～～你打控球後衛，哇！」

「搭賞鯨船出海，跳進涼涼的太平洋和海豚一起游泳，哇哇哇～看你此時此刻正在說著的表情，你一定好享受厚！」

於是我們可以這樣很單純很專心的收集一個又一個喜歡，然後啊，記得可以寫下來存起來。如果需要寫個案紀錄，哈克強力推薦你在紀錄裡多留下這些「收集到的喜歡」。

C「正在生長的安心感」

這裡說的安心感，是一種……身體鬆柔下來，心裡在吐氣之後，有一種「**不需要**特別武裝**不需要**特別表現」也「**不需要**特別刻意要讓別人感受到自己的獨特」的感覺。

安心感，是一種**帶著生命的連結感和契合感**。它不是一種表層的信任，而是一種**不需要用力不需要表現就可以安心的美好狀態**。這種感覺有點像是**有一個船長要帶你出海**，然後你會覺得說，嗯，跟他一起出海好安心喔～會有種感覺在心中，好像跟他出海，嗯，一定會捕到魚，或者好像跟他出海會看見海豚、鯨魚啊～好像這樣！感覺到的是，有一個讓你信任的船長要開船帶你出海，然後這片海洋說不定是你的潛意識說不定是你的生命，船長和你一起把船準備好了油加滿了，要帶你去探索，然後你會覺得上船之前就已經期待著了。

當我們陪伴眼前的主角進入到引導冥想、深度的催眠狀態或者是自由流動的隱喻故事訴說狀態時，我們發現：只要有一點點的不安跑上來，或者有一點點干擾侵入心裡，主角常常會瞬間**把那個心流給阻斷**，睜開眼睛忽然砍斷了珍貴的心流，這也是**主角跳離了trance狀態的反應**，很像本來接了很順暢的電流忽然之間跳電了。

陪伴過程裡的「正在生長的安心感」，爲的就是逐漸的扎實的讓電流穩定的接上，不隨便跳電。

安心感是持續累積的生長

安心感它不是一個固定的量、固定的品質而已，它是還在發生中的還在累積當中的。所以啊，很像是每一次和船長一起出海看見的風景和歡呼到的收穫，都讓下一次又更安心更充滿期待更能夠順暢的集結資源。正在生長的意思是，當你擁有了一次好的航海經驗，那即將會變成你下一次前行時更好的基礎。這個基礎**是堆疊的是累積的是生長的**，很像嫩綠的幼苗正在抽芽正在往上往籬笆外伸展，每一天你都會看到它又多長一個葉子，多來到了一個小花苞，多往上長一吋。

D「打開時間的入口」

打開時間的入口，是陪伴一顆心時，特別是深度陪伴和解夢的過程裡，很有機會看見的風景。如果來到了哈克現場的工作坊，在示範陪伴的時間裡你可能會看到這樣的畫面：**那被陪伴的主角，前一刻還順暢的說著自己本來就知道也準備好要說的故事細節，忽然，一陣悸動襲來，左眼或右眼，沒來由的湧出一滴飽滿的淚滴，然後，一個深呼吸湧上來，吐氣的時候開口說話了：「我剛剛忽然想起高二那年的暑假，那時候，我還相信愛情……」，然後，大滴的淚水從雙眼嘩啦嘩啦的，整片滑落。**

這，就是「打開時間的入口」。

在原本的意識的流裡，像是**整個人立體的**重新回到**曾經的某個年紀的自己**，不像是回想起，更像是**整個人走進了時光隧道，投身那個曾經的時空，卻不是曾經的感覺，而是此時此刻正在經歷那個時空**。所以，哈克才會給出這樣的命名：「打開時間的入口」。

打開時間的入口，是潛意識工作極其美妙的發生。它是一種無法強求但可以學習的陪伴美感經驗，那是見證的美感時刻，參與慶賀主角內在那「帶著長大以後擁有更多足夠資源的自己」和「曾經被遺落的自己」合而爲一的剎那。

時間的入口，除了過去的曾經，未來的時空也是潛意識工作可以著墨的地方。帶著過去的資源也帶著現在的決心，**把探照燈打開聚焦在未來的一個時間落點，像是一條長長的拋物線似的往未來望去**。這個未來景的打開，常常帶來超級扎實的張力和美妙的未來感拉力。

入口前的先遣部隊

第一線的助人工作者問的很精準：「哈克，要能『打開時間的入口』之前，有什麼樣的滿足條件呢？」。

這一題，我真的是體會了三十年之後才能回答的啊！我這樣回答：

「從改變心理學的〈**潛意識改變地圖ABCD**〉來看會很清楚喔～『**打開時間的入口**』在D的位置，所以，需要滿足的**先遣部隊**會是前面三個，ABC，也就是：『安靜、遼闊、溫柔的時間感』、『收集喜歡、給出帶著祝福的命名』、和『正在生長的安心感、能量的注入』。」

臺北的好朋友華華看了我上頭的文字，這樣說：

「我有一種感覺不知道對不對，就是前面ABC都是爲了準備好能夠來到『打開時間的入口』，不過啊～更珍貴的是打開這個時間的入口之後做的事情才是最核心最神妙之處，像是帶遺落的自己回家、淤積的沖刷、卡住的潤滑、新選項的誕生，這些才是每次哈克示範時，改變生命的時刻！」

不需強求打開時間的入口

我想了想，這樣回答：

「嗯，前面的ABC的確是很重要的準備，這些準備能夠帶來『打開時間的入口』的機會，但是，陪伴不一定要走到打開時間的入口喔！單純的安靜又遼闊的聆聽，常常已經是陪伴的完成；純粹的收集喜歡，已經可以帶來有品質的好能量（質量）；單純的能量注入和正在生長的安心感，已經能夠陪伴一個生命帶著勇敢前行。**打開時間的入口這件事，不必強求也無法強求，不刻意前往但眞心歡迎**。

同時，如果眞的天光正好，眞的眞的打開了時間的入口，原本生命裡淤積的內在、卡住的關卡，因爲長大以後帶著資源的自己帶著愛回來迎接了曾經被遺落的自己，因而沖刷洗淨潤滑流動了。然後啊，潛意識工作裡特別重視的可能性（possibilities），水到渠成的常常在這個時刻自然來到，於是新選項的誕生終於報到了。」

接下來，我們來看一個實際例子，裡頭都標示了潛意識改變地圖ABCD的落點和心法技法的應用。

從〈思念的禮物引導冥想〉看改變地圖的落點

今天，我們來看看思念。有些人很習慣閉上眼睛進到內在世界，有些人習慣的是別的方式，都很好；就好像～有些人喜歡一個人跑步游泳有些人喜歡一群人打籃球，有一樣的有不一樣的，都好；也像是有些人喜歡貓有些人喜歡狗，閉上眼睛，很～好，想暫時先睜開眼睛也很好的……

改變地圖的落點：「有一樣的，有不一樣的，都好……；閉上眼睛很好，想暫時先睜開眼睛也很好……」這些可能性的提供和接納的情感表達，在改變地圖上落在A安靜遼闊溫柔的時間感。這裡，主要不是文字語言的接納，而是帶著微笑的溫暖鬆柔的覺得各種可能都真心被歡迎。

當你的手在身上移動，找到了思念**那裡**，說不定來了一個深呼吸，就把手放在**那裡**。

如果這個思念很輕盈，**就用單手**；**如果**這個思念有一些澎湃，**就來用雙手**；**如果**眼淚出來，**就歡迎淚水的來到**；**如果**這個思念帶來一份笑意，**就用雙手迎接吧**。

不知道你知不知道，**思念，是跟著時間變化的**。小時候的思念，好像會有比較多的牽掛或者擔心，因爲那個時候的自己啊，很多事情都無能爲力……隨著歲月時光慢慢長大以後啊，思念會多了一份「在」的感覺，像是多了一份自己雙腳站在土地上開始有了那一份力量。

改變地圖的落點：這裡，**透過時間移動帶來的力量感**，再一次帶出歲月幾乎必然累積了的資源，於是力量來了，這裡更扎實的雙腳站穩了C「能量注入」的位置。

在心裡啊，好像是看到或者是想到了，此時此刻浮上來的～思念的一個人……如果啊，心裡有浮現或感覺到，把你的右手的食指指向天花板讓我知道一下。哇～眞好眞好。一個思念，是一份愛，一個思念啊，也可能是一份牽掛。有些思念，很像是天上的一朵雲，像是棉花糖一樣（甜甜的聲音說著）；有些思念啊，像是從中央山脈沖下來的瀑布的水很湍急（說到好像需要喘氣停頓似的）；有些思念啊像是東海岸的六月七月的時候會有的月光海月升時的潮水，海浪一波~又一波……

不知道你知不知道，思念，好像沒有單向的。思念，是好純粹的好透明的彼此相愛。思念一個人，常常是因爲想起這個人的時候，感到溫暖、覺得**好心底的喜歡**在此時此刻活起來。碰碰看，思念的底下，一定有一份愛。我邀請你，就在這個時刻把每一個愛說出口，你可以眞的張開口說，也可以只有自己聽到，呼喚他的名字……像我就會呼喚我的祖父，我就會用客家話呼喚他，說「阿公」，呼喚屬於你和他的名字……對，很好，眞好，來，用你的聲音，**然後跟他說你心裡的一份思念和愛……**

> **改變地圖的落點**：這裡，透過發出聲音呼喚「名字稱呼」引發「情的碰觸」，這裡，改變地圖悄悄的走到了D「打開時間的入口」的門口，敲敲門，準備情感的沖刷、愛的通暢。當愛的話語真的說出了口，深呼吸的剎那忽然眼淚跟上，門靜靜的打開了，陪著主角，走進時間的入口，療癒之路的入口在此打開。

不知道啊，如果像是季節限定似的，今天的你，想爲這一份思念**添加**什麼樣的**顏色**或

光芒，或者**質地**，或者**溫度**，你可以，真的可以，開始讓它有變化喔……如果是光，光從哪裡來呢？我很喜歡想像著月光，月光啊，從樹梢那裡照到我的心田這裡，然後可以開闊的又～發射出去。如果啊，有光，那～光從哪個方向來呢？你的手可以動起來，感覺那個光從哪裡來～想像那個光，咻～照進來，咻～，對，照過來然後，很有趣的是，它會在你的心口這邊，聚集之後，然後，**「噗ㄘ～～～」好像照亮全身一樣～**

改變地圖的落點：這一段，在引導詞中一口氣直接「添加」了顏色、光芒、質地、溫度，這些帶著善意和愛的添加，就是如假包換的能量注入，所以，再一次強而有力的重新來到C的能量注入，CD～CD～是很好使用的來來回回，在時間的入口D沖刷一些，再來添加一點能量C，於是蓄積動能，再次走進時間的入口，再來一次潤滑與沖刷。

思念可以哀愁，思念，也不只哀愁吧，思念，可以不捨，思念也不只是不捨吧……那個你思念的人他一定有一份愛一份智慧一份質地像是一份生命的禮物傳到了你的心裡（**快速語氣唸法**），那是什麼？讓它在你的心口浮現（**柔軟語氣唸法**），它很像是**從空中那裡**

慢慢掉下來、落下來，邀請你用你的雙手接住它……

帶領小訣竅：這裡，概念上是邀請主角「迎接它，完完整整的接收到你的心裡身體裡」，很特別的是，**這邊，哈克使用了「掉下來」、「接住它」這樣特別「有份量感」的語言！**為什麼這麼特別呢?!是因為，思念有時候飄來飄去，散落在生活的各個面向，這裡透過「掉下來、接住它」，創造一種「扎扎實實的落在心裡」的感受。同時，往心底走去之後，碰觸到的思念，逐漸來到了一份重量感，於是，下一段挺細節的，潛意識教練上場，把兩隻手接住的動作像導演教戲似的，讓身體感受整個帶進去。

它傳了什麼給你呢?來，兩隻手哦，準備好，我說１２３的時候，你要接住在你的心口的正前方。它會從空中落下，你還不知道它是什麼，但是當它來到的時候，你就知道就是這個，所以思念才會那麼深。１２３，從空中落下，接！「說謝謝，收進心裡。」把手用一點力量放到心口，很好很好，你做得很好。

你知道嗎，有些時候當我們一個「謝謝」沒有說，就把自己遺留在時間的那裡；當我們一個「對不起」沒有說，我們就把自己遺留在生命的河流的那裡；還有啊，當我們一聲「我好想你哦～」忘了說，也把自己遺留在那裡。**是時候，把自己和這份思念和這個禮物一起接回家了**。

改變地圖的落點：這一段，把愛的情感裡常有的「沉重遺憾」點了出來，也同時試圖轉化（transform）那份遺憾，把一個個遺留的自己帶回心裡的家。這是**手稿前面一路的鋪陳和一路的累積**，然後到這裡才**完整的觸碰**並且讓D「打開時間的入口」帶遺落的自己回家得以發生。

手稿前面一路的鋪陳和一路的累積包括：A安靜的，呼喚思念的「名字稱呼」讓心中的一份溫柔的時間感來到；然後B帶著祝福的命名，思念沒有單向的，讓那一份「情的碰觸」在時空裡真的來到；然後，透過給出選項，讓閉上眼睛的主角C安心又輕鬆的往心底走去「添加點什麼」（能量注入）；最後透過「掉下來、接住它」創造一種「扎扎實實的落在心裡」的感受，打開時間的入口D。走到這裡，聽者很有機會經歷了真切的感受到思念、讓思念不單薄而且有美感的重新感受著、真的碰觸到了，因而，深呼吸一口氣，在吐氣的剎那忽然真的「說出口」那埋藏已久的思念和謝意，本來遺留在時間河流裡的**禮物收下了，於是，那一份謝意就更純粹了，那一份思念就更透明美麗了**。

不知道這個禮物在你的生命裡，帶給你什麼影響……你知道嗎，一個禮物來了，比如說溫暖，它不是只有帶給你溫暖。有時候啊，它除了溫暖之外，它可能帶給你別的，像是開心，像是再也不怕寒冷，像是可以好安心的一個人在月光下跳舞一樣……這個禮物來了之後，在你生命中，**它讓你的什麼，生長了**？像是，帶給你什麼接下來的一個兩個三個禮物，不是只有這一個禮物哦……

意識和潛意識的比例調整：這裡，往**影響**的問句，「不知道這個禮物在你的生命裡，帶給你什麼影響……」這條意識思考的路走去，在能量的安排上，是開始從剛剛遺憾的觸底那裡，逐漸往上走，也就是說，從這一段開始，潛意識的比例逐漸降低，意識的比例逐步揚起。

最後一段囉～來讓風進來了喔～你喜歡什麼樣的風？什麼季節什麼溫度的風～風從哪裡來呀～手啊，眞的動起來，風從哪裡來呢！也可以出聲哦，你的風是什麼聲音呢～出聲，對，啊～呼～咻～風一來你身體就會搖擺喔～

意識和潛意識的比例調整：這裡，透過風的能量帶來輕盈、可愛，感覺身體的搖擺、發出聲音，是為了能量上繼續往淺層走，把聽者往上往意識那邊再帶一些。陪伴的時候，當我們走到D的潛意識深層位置，如果時間太長，像是持續了三十分鐘四十分鐘，有些主角會感覺太累，所以，這裡開始沿著能量階梯往上帶，準備大約五分鐘左右的時間從trance狀態完全回到日常運作狀態。

接下來讓太陽的能量進來喔～太陽從哪裡來？選一個季節吧，春夏秋冬選一個季節。早上、中午、下午、傍晚、深夜……深夜可以有太陽嗎？可以喔～在隱喻的世界裡面，深夜是可以有太陽的。好，迎接陽光進來，頭抬起來，頭抬起來，對，讓那個陽光的那個暖，整個都進來，非常好。……準備好就可以睜開眼睛，歡迎回來。Welcome back～

和親近的人一起做的三件事

這本書的最後，哈克特別精心整理了每個人都可以常常練習的**「和親近的人一起做的三件事」**。

這三件事是在日常生活裡可以操作的陪伴練習，特別適合和親近的人一起享用，讓親近變得輕鬆又好玩，是可以天天都輕鬆就能實現的活動，做一陣子之後，還很有可能發現，竟然能夠開始碰觸彼此心裡柔軟的所在。這三個日常小藥方是：（一）**感恩練習**；（二）**選擇重播畫面**；（三）**想要你唸這個給我聽**。

1 感恩練習

感恩練習是覺知心理學（mindfulness）裡很經典的每日練習，在每天即將結束的時候，或是一天中出現空檔可以當作回顧的時間點時，可以在匆忙的日常流程裡讓眼睛閉起來，感覺看看有沒有什麼值得停留、值得說聲謝謝。像是下頭的這個哈克版本的五分鐘短版感恩練習手稿：

〈五分鐘短版感恩練習手稿〉

我們來做一個感恩練習，五分鐘，也可以帶來深呼吸似的安靜和安頓。閉上眼睛，做三個深呼吸，在心裡問自己：

「最近的生活裡或者過去的二十四小時裡，有沒有誰，或者是什麼，讓你更喜歡自己？可能因為遇見了他，或遇見了這件事，好像它經過了你的時間而讓你更喜

歡自己……或者，啓發了什麼心裡的好東西，或者觸發了什麼好心情或是好行動！說不定帶來開心、快樂、或是微笑滿足……」

接下來，我們要問第二個小題目囉！**「過去的二十四個小時，或者最近的生活，誰或者什麼，帶給你舒服、舒適，或是舒暢的感受？或者，什麼地方感覺到被照顧、被疼愛、被喜歡……或者帶來了心中的一份喜悅……」**

生命中的誰，或者什麼，經過了你的時間，經過了你的生活，讓你好像更喜歡自己一點點，或者好像啓發了自己，觸發了什麼心動，或是，帶來了快樂微笑滿足，非常好，對……帶著一種微笑開心的心情說：「謝謝！」

有些時候，會感覺到一種很舒服的心跳，有些時候啊～會覺得身體熱熱的很舒服，或者～會覺得腳底板不由自主的打拍子，好像想到一個就打一個拍子，這樣，真好……

為什麼要持續做感恩練習？

從五年前開始到正在書寫這本書稿的此時此刻，哈克沒有一天停止過**做感恩練習**，持續了一千八百個太陽和月亮。有時候，睡前做一次，睡到半夜忽然醒起來然後想睡又睡不著的時候就再做一次練習，常常做到一半，不知不覺之間就在長長的吐氣之後入睡了。

我猜想會有讀者很想問：「爲什麼Gratitude practice感恩練習這麼一個外面那麼多人在帶的活動，它的引導詞其實可以很簡短就像是『過去的二十四小時，有沒有什麼事情，是你回想起時想說謝謝的……』，這麼簡單的小活動爲什麼哈克會想要連續一千八百個日子每天堅持練習呢？」

是啊，眞的是一個好簡短的小練習，但是它幾乎改變了我的生命。爲什麼呢？下頭來說明一下哈克自己每天練習之後體會到的。

負向偏誤的解說

有一個英文的心理學概念，很多人都看過聽過，叫做「negativity bias」負向偏誤。負向偏誤的意思就是，有五個人說你的好話、有一個人說你的壞話，你常常自動化的只認眞記得那個壞話。也就是說，想像一下，當你的FB、IG、社群媒體平臺上的留言裡，如果有五個好聽的留言但是有一個留言似乎不贊成不怎麼喜歡，那你晚上睡前就會想起那一個？你常常會不由自主的忽略前面五個，而一直想起後面那個讓你不舒服的。

negativity bias用白話來說，就是大腦的思考保衛安全系統，是大腦盡全力的去擔心害怕那些不好的事情終究會發生，進而能夠事前準備避開危險的大腦內建程式。爲什麼會這樣，爲什麼需要那麼誇張的保衛安全呢？

最主要的原因是因爲生物演化的變化速度太快。因爲啊，在遠古時代，人類不是位於最高的食物鏈頂端，像老鷹、鯊魚、獅子、黑豹，都是屬於最上層最頂端的。那些所有的最上層的動物牠們都有一個特徵，就是非常放鬆非常有自信，因爲只有牠吃別人的份。也就是說如果是歸類在食物鏈的最頂端的動物，通常**充滿自信而且自由自在不隨便緊張**。

負向偏誤的主要原因

可是這個世代，人類明明**現在**就是站在食物鏈最上面最頂端，連老鷹鯊魚獅子可能都要害怕被我們聰明的大腦製造出來的武器獵殺！所以照理說，當人類在演化之後變成了食物鏈上層的動物，應該要像是老鷹黑豹似的不隨便緊張不隨便害怕才對呀?!

那爲什麼會這樣？我們明明已經站在那個頂端位置，卻沒有那一個**充滿自信自由自在不隨便緊張**的好狀態，還會這樣風吹草動就自動化的擔心害怕，那是因爲：在人類的歷史裡從食物鏈的中層移動到頂層的時間太短，改變的速度實在是飛快，但是人類的基因演化來不及反應，我們的身體還待在演化前的那些經驗記憶裡。

原來是這樣！因爲從中層往頂層的移動速度太快，因而基因的演化來不及，所以就留在擔心害怕的負向偏誤這裡了。因爲人類的記憶停留在以爲自己位於食物鏈的中間，所以必須時時處在小心翼翼的防守狀態，於是我們的大腦只好一直用心的關注那些負向的訊息，因爲這樣才能夠保護家園獲得安全，這就是負向偏誤存在的主要原因。

怎樣提高正向經驗的比例？

在心理學的研究裡，我們的大腦會自動「想起負向經驗的次數」比上「想起正向經驗的次數」是5：1。也就是說，打個比方，接下來五分鐘裡如果大腦一共跳出六個念頭，那裡面大概會有五個負向畫面，然後只有一個正向的畫面或念頭。

當我們的大腦這麼頻繁的去找那五個負向的經驗記憶，這樣5：1時間久了，就會心情不好，因爲一直想到那些不舒服的，很像是月球繞地球的軌道繞繞繞繞，然後憂鬱了不開心了。

那怎麼辦呢！我們來學習怎樣待在5：1的1這裡久一點，讓這個1長大。生活裡哈克很喜歡蒐集笑話蒐集好笑的影片，打開檔案看見笑話重新溫習影片，就可以讓這個1長大。另外更穩定又有力量的作法，就是感恩練習。

既然因爲負向偏誤所以大腦設計好了是5：1，那，我們來自己負責超帥氣的行動**反過來變1：5**，把正向的經驗透過每天一次兩次的感恩練習，一天兩天三天四天一直累積，用五倍的行動來每天持續反轉，到後來，這個練習已經是像是早上起來會洗臉刷牙般的每天自然的呼吸了。透過這樣的感恩練習，我們很著地的安穩的把大腦訓練成創造快樂和喜悅的全新中央處理器。

下頭，來看一個超短五十秒的可愛感恩練習版本！

〈五十秒超短版感恩練習手稿〉

做一個深呼吸，問自己：「今天，有沒有什麼是我感覺到被天地眷顧被身旁的人照顧感覺到安心美好的時刻，是我想說聲謝謝的……」

2 選擇重複播放的畫面

由腦海中的畫面堆疊出自己的模樣

一個人活成的模樣，**不是**由他過去發生的事情所堆疊塑造出來的，**而是**由他腦海中播放的一個一個片段畫面而累積創造出來的。怎麼說呢？

接續上頭負向偏誤的概念，如果我們任由大腦一直播放五倍的負向經驗，我們會逐漸把自己定義成我是一個不快樂的人。換句話說，如果你任由大腦自動播放帶著negativity bias的記憶畫面、播放那些習慣性的煩惱焦慮擔憂思緒，那……你很有機會，什麼事都不做就很有機會能夠成功的成爲人口裡占百分之八十五的「不怎麼快樂的人」。

相反邊的，如果，我們願意帶著好奇帶著微笑，嘗試在接下來的一星期裡，主動的播放一次兩次三次那爲自己挑選的也是眞實的好故事，那麼，太陽的光很有機會在冬天的黑暗裡照進來，並且連續七天都溫暖了心田。

來看一個活生生的例子！關於青少年歲月的兩個故事……

〈小真，國中記憶的兩個版本〉

第一個版本：「我的國中導師想保持自己的升學率，都會拿我們班的成績跟隔壁班比，每次考試都是少一分打一下，打到他自己手痠，還會叫我們同學互打……我想起來都覺得自己好沒用，為什麼考不好也沒辦法保護自己。」

第二個版本：「我國中班上有幾個很聰明的同學是可以去參加奧林匹亞競賽那種等級的聰明，因為他們很早就確定可以上第一志願，所以大家在拚聯考時，他們都閒著沒事。當他們發現我數理很糟時，就幫我把考前衝刺的講義一頁頁標好重點給我讀，他們一題題講給我聽，我覺得自己好幸運，有人願意這樣陪我、幫我。」

讀到這裡，你一定可以單單想像就知道感覺到，播放「版本一」帶來的負向情緒和播放「版本二」可以帶來了微笑，有多大的差別。關鍵的轉折點，就在於怎麼動念去按下那

個「主動選擇按鈕」，按～

透過好提問來主動選擇！

如果我們不主動這樣問自己，允許大腦的negativity bias（負向偏誤）自動運作的話那會是「負向畫面」：「正向畫面」＝5：1。也就是說，腦海裡所播放的影片畫面所歸類的情緒，會是「5份」的煩惱焦慮擔憂，搭配上只有「1份」的舒服開心好玩。

換句話說，如果我們順其自然的不積極的做點什麼，我們的大腦記憶櫃子裡，會有六分之五的抽屜，竟然自動的**已經裝了**滿滿的負向記憶。

但是，如果我們在這件事情上**不選擇順其自然**，我們**選擇真的動念這樣問自己下頭這兩個可愛的小問句**：

「那，來播放什麼好呢？」

「如果，我的腦海裡播放著什麼，我會更喜歡自己的生命呢？」

如果（你一定已經知道也感覺到這個**如果的後面**接的東西非常重要了），**如果我們選擇**問了上面這兩個小小的可愛的問句，然後，從記憶的櫃子中，**拉開那**原本僅僅占六分之一的快樂滿足記憶儲存的**珍貴抽屜**，找到一個快樂滿足喜歡自己喜歡生活的記憶畫面，像是：

「之前一起上工作坊學習的同學們，一個月之前就約好了，到臺北上課的第一個晚餐要一起吃麻辣鍋耶～然後竟然有五個這次沒有報名參加工作坊的老朋友也都出現了，我們吃吃喝喝吐槽彼此，哎呀，笑得好開心喔！」

然後……這樣鼓勵自己的大腦：

「嘿～我們來播放這個可愛小影片！」

「可是，我這邊還有九十六個排隊等候要播放的影片，都是關於什麼要小心、什麼要未雨綢繆的……」大腦很盡責的把關，因爲它已經習慣這樣運作了很多年了啊。

「這樣啊……我剛剛快速瀏覽一下，那九十幾個排隊的影片，昨天和前天其實都已經播出過了。」

「蛤？眞的嗎？可是，可是，我這邊眞的還有九十六個排隊等候要播放的影片，都很重要，都是關於什麼要小心什麼要注意的……」大腦繼續**想要**盡責的把關，**可是**，好像沒有辦法否認自己「昨天前天已經播放過了」的這個事實（大腦很清楚事實是什麼），所以一下子語塞竟然跳針的又說了幾乎一樣的話。

「真的，是真的，我們全身上下都知道是真的，其實啊，不只是昨天和前天，已經好多年了，這些提醒自己要多事先計劃、要注意小心、要保持警覺的這些影片，有好大一部分，都已經反覆播了好多年了。我們都已經記得了，所以啊，其實可以放心哦～～～」

「這樣喔……」

「嘿啊～試試看啊～我們今天來播放這個可愛小影片啦～偷偷跟你說，播放可愛快樂小影片，可以讓我們更喜歡今天明天後天的自己喔！來播放吧～～～」

於是啊，真的**閉上了眼睛，開播了**第一個可愛小影片，又～播一個快樂小影片，再～播一個滿足小影片，開心的～播一個謝意在心中。也像是，這個年輕孩子**回憶抽屜裡的「滿足微笑珍藏版」**：

「學生時期的我，有一天上課突然接到了媽媽的電話，原來是媽媽特地從清水休息站剛買來熱騰騰的釣鐘燒來學校給我吃，她等不到我下課，想要讓我享受到那還在冒煙的溫暖！」

還有，這個年輕媽媽和可愛小女兒的**「睡前紀錄片」**：

「那是要睡覺的時間，我已經躺在床上，肚子餓的女兒和爸爸撒嬌拿到一包兩片的雪餅。快速吃完一片餅乾的女兒，拿著另一片餅乾，咚咚咚的跑來房間，爬上床，拉開我的手臂，枕著我的肩膀窩在我懷裡，用兩隻小手手捏著雪餅，像小倉鼠一樣小口小口啃著。可能是幸福吧，她開心的抬起小腳腳懸空晃呀晃呀晃。心血來潮的我，學她抬起腳，用腳尖點一下她的腳心，哇哇哇，居然開心到發出咯咯咯的笑聲欸！」

也可以是那再日常不過，卻**「充滿暖意的畫面」**：

「我的阿嬤啊，常常煮了一大桌的美食等著迎接下班後疲勞的我，邊吃著豐盛的家常菜，邊和阿嬤分享好笑的事情，阿嬤那個缺了幾顆牙齒的燦笑呀，常常讓我心裡面升起一股暖流。」

然後啊，你知道會發生什麼神奇的事情嗎?!那**六分之一的儲存裝置**，忽然，自動自發的，由心而發的，悄悄的巧巧的竟然，今天**變成五分之一**！！！哇～～～

那，明天也繼續播放這樣的微笑滿足影片呢！明天搞不好擴充記憶體變成了四分之一；那後天呢～會不會變成六分之二；那下個禮拜呢！說不定會變成六分之三；那下個月呢～猜想，非常有可能真的過半，變成三分之二。那今年的年底呢……太好玩了，那些**快樂開心滿足喜歡自己**的畫面，說不定已經成功的把本來的比例反轉變成了「正向記憶」：「負向記憶」＝5：1

這，就是**創造自己的快樂滿足播放系統的美妙結果**！於是有一天，你無法屬於那百分之八十五的人口。你即將屬於那另外百分之十五的人……這百分之十五的人有一個挺好聽的名字，叫做：**「說眞的，挺喜歡這個季節的自己。」**

成立「重複播放」小群組

哈克鼓勵你可以自己做這個練習，也可以邀請親近的人一起練習！強力建議可以成立一個「重複播放小群組」或是「感恩練習小群組」或是「重複播放＋感恩練習小群組」，這樣，彼此鼓勵天天練習天天主動選擇播放讀影片。

所以，來，在下頭的空白處寫下，今天如果可以播放兩個喜歡的快樂的安心的可愛的小影片，可以是昨天的記憶畫面、可以是以前的美好時光、也可以是剛剛才發生的小小美麗時光，都可以哦！寫下來吧，一天又一天。

我想爲自己播放的第一個小影片是：「　　　　」

第二個小影片是：「　　　　」

推薦播放時間點

特別推薦的時間點是在睡前，可以是晚上入睡前也可以是在中午小睡之前，眞的可以來個閉上眼睛的三分鐘播放時間，爲自己選擇那一個或兩個想要重播的畫面吧！！

還有啊，就是在小群組裡看到親近的人分享他的重播畫面或是心中想要謝謝的種種，記得回覆之後，閉上眼睛問自己：「我有沒有類似的影片或是謝謝呢?!」這個時機點，常常會很順暢的想到喔！

我有一個好消息！

因爲天天做，有一天早晨，哈克忽然找到一個能夠結合「感恩練習」和「重播畫面」的更簡單小活動，這個活動有一個很簡單的操作句型就叫做**「我有一個好消息！」**。

「今天下午我有一個好消息！傍晚五點，雖然氣喘吁吁，但是我很努力的完成了二十五趟折返跑！而且啊，我的小女兒阿毛竟然陪我一起折返跑，當我跑到大聲的喊二十二的時候，她已經完成了二十五了！然後阿毛自己跑完還在旁邊爲我加油。」（**謝謝**

女兒陪我一起跑步、重播努力運動的喘氣還有女兒加油的聲音和畫面。）

「今天早上我有一個好消息想要告訴你，早上在礁溪的飯店吃早餐的時候，角落竟然有一區叫做臺東野菜～然後我就很開心的燙野菜來吃，還加了三滴香辣腐乳醬！我覺得好健康又好開心喔～」（謝謝自己願意燙野菜、重播開心享受食物的開心影片。）

很好玩厚！當我們說出「我有一個好消息」的時候，同時感恩謝謝已經發生的美好，同時，也直接沒有時差的重複播放了「剛剛發生的喜歡的自己」。

3 想要你 唸這個給我聽～

第三件可以和親近的人一起做的事情，是能夠把時間變成時光的小活動：「想要你唸這個給我聽」。

把握每一秒可以流動去愛的時間

下頭有五個常見的生活中的不同時刻，可能是只有自己撐住實在挺辛苦的時刻，也可能是挺開心想要彼此更靠近的時刻。如果是辛苦的時候，可以選擇下頭的01或03來邀請身旁的愛一起流入支持，讓難以承受的孤單少一些；如果是想一起開心或是想更靠近自己的時刻，可以選擇下頭的02、04或05來邀請親近的人共同創造時光。於是，想到的時候翻開書指著下頭準備好的手稿輕聲的和身邊親近的人說：「想要你，接下來短短的五分鐘，唸這個給我聽……」。這五個時刻分別是：

01 今天我心情低低的有點辛苦。（p.301）
02 今天想讓我們一起有快樂的電流通過。（p.306）
03 今天我心裡慌慌的有焦慮有著急。（p.312）
04 今天我想聽聽心裡的聲音。（p.318）
05 今天我想要感覺到心中的柔軟開闊。（p.322）

當你往下讀到哈克珍藏的十八個引導冥想手稿時，你**很可能會一下子不知道要挑選哪一個！**如果是這樣，那哈克建議你可以任意翻開其中一頁，很像是塔羅牌天使卡抽牌抽卡似的，很單純的挑選翻開的時候看到有喜歡的，或是自己隨口唸兩句時自然有微笑上來的！**（溫馨小提醒：不需要用頭腦去想說要挑選哪一個故事最「適合自己」哦。）**

這十八份引導冥想手稿，有一些是哈克珍藏的寶貝故事，有一些是這本書裡前面已經有完整的解析版本，在這裡改寫成唸起來特別輕鬆舒服的三分鐘五分鐘版本，讓唸的人沒有壓力的更自在的給出美麗的時光。

年輕的諮商師帶著體貼讀者的心意，這樣和我說：

「我想到**很多心柔軟的人，其實在辛苦的時候會覺得怕讓身邊的人也辛苦，所以選擇自己撐著**。選擇自己撐著是一份貼心，同時也可惜了可能收愛、讓愛流動起來的好機會。這樣的活動，正好是在辛苦的時候讓愛有機會流入，同時，又可以讓身邊願意付出、想照顧自己想更親近彼此的人，能夠有的一條清晰的『愛的行動』的路徑。所以，除了霸氣或輕聲直接地說：『我想你唸這個給我聽～』之外，是不是還有**其他邀請的句子**也可以提供，**讓比較困難開口的人有機會眞的實踐**這份邀請？」

對厚！身邊眞的有不少朋友是這樣的呢……嗯，好，那下頭來幾個邀請句型，提供給大家參考喔：

「我……今天心情低低的，不知道有沒有可能……想要請你唸這個〈小山藥的故事〉給我聽～我很喜歡這個故事，**而且聽到你的聲音，當你輕輕地唸好像單純的唸故事書那樣，我的心就會暖起來……**（水汪汪眼睛拜託～）」

「今天啊，想讓我們一起有快樂的電流通過，我想把今天我們一起度過的美好時光在你的聲音裡完整的溫習一次，想要你唸這個〈小山豬嘟嘟和小刺蝟噗噗〉的故事給我聽……好像把我暫時當成幼稚園小朋友似的，我覺得會很好玩呦！」

這十八份引導冥想的短版手稿，如果接下來的一星期裡，眞的有一個晚上享用一次，會很美妙喔！鼓起勇氣，試試看吧！

01 今天我心情低低的有點辛苦，想要你唸這個給我聽……

〈小山藥的故事〉五分鐘

來說一個〈小山藥的故事〉，這是十二月陽光燦爛的早晨，要來收成這個冬天第一批的白色小山藥。東海岸清晨陽光灑落，拿了小凳子準備了小圓鍬還有小水桶慢慢的在土地上摸索找尋慢慢的挖～土裡深處的小山藥。

這一年，因爲夏末的一個好強的颱風十六級風正正強強的吹過這個圍籬的轉角土地，那原本綠蔥蔥一大片五公尺六公尺十公尺高的山藥藤蔓和葉子幾乎全部被強風直接折斷，幾百幾千片心型的山藥葉子，飛飛飛飛到好遠的河谷溪邊。

風大的那天，大樹的樹枝都折斷了，樟樹的茄冬樹的大樹幹中樹枝小枝條，幾乎無一幸免的通通斷落一地……攀爬到大樹上的百香果一夜之間煙消雲散像是沒有種過似的。而山藥，樹薯，和芋頭，這古文明以來就活在地球上的三大人類續命農作物，常常在這樣強風的自然浩劫之後，正好因爲長在地下，所以即使上面的枝葉斷裂飛走，底下的卻依然活著。

也因爲這樣，這個初冬活下來的小山藥，特別小特別迷你，比起前一年豐收的大山藥，今年小山藥的size大概只有去年收成時的十二分之一。那個清晨啊，可能因爲心裡特別安靜，眞切的聽到了土裡的小山藥小小聲的正在說話呢。小山藥說：

「你知道嗎？這是一個像是月亮的小天使般的陪伴下，知道被在乎著的，好安靜的生長時光。然後啊，好喜歡夜裡，有春天下雨之後的，有夏天一開始的，也有秋天剛剛過的~不知道是不是因爲眼前的空氣那麼的舒服，也不知道爲什麼小天使那麼的可愛，於是啊……眞心喜歡那月光照耀下的時光，可愛的如此潔白明亮。於是啊……不知不覺中啊，即使只是一點點小小的長大，卻發著光，透著光呢。」

大大的天空下，我似乎懂了，喔~小山藥知道，時間是可以等待的呢，似乎等待著溫柔的手，輕輕慢慢地挖呀挖，輕輕的柔柔的慢慢地挖呀挖，於是，終將碰觸。

不知道爲什麼，當我們知道可以等待~於是，好像就可以吐一口長長的氣，可以不那麼急著長大了……是啊，眞的是這樣啊~夜裡，有春天的有夏天的也有冬天的，因爲安靜那麼舒服，月光下的小天使那麼單純，於是啊，潔白明亮的可愛，不知不覺中，一點點小小的透著光正在生長……

〈小背包的故事〉三分鐘

不知道你的肩上有沒有揹著一個背包，感覺看看，包包啊不是不能揹，是你可以去感覺，自己有沒有本來~習慣揹什麼，而現在可以決定~來揹別的。我們其實不習慣把東西放下，可能因爲提著揹著比較安心吧。但是，安心不代表健康，有時候時候到了，常常就是背包可以放下的時候來了。邀請你啊，如果你願意的話，可以閉上眼睛，來做三個深呼吸往心中走去，如果啊，你在心裡看見自己的背包，邀請你用你的手去碰碰背帶，好像去觸碰來去多懂一點點自己的這個背包。

這個背包，它多大？它……會不會有幾個袋子啊、拉鍊啊……或釦子呢？或者，可能有兩個袋子，也可能前面還有一個，很好……對……摸摸看端詳一下。這個背包裡面裝了什麼呢？裝的是……

如果，覺得想試試看把這個背包或者背包裡的什麼暫時放下來，說不定天光正好歲月正合適，要不要來練習看看，好像你的手好像正在練習把它放下來，看要怎麼拿，怎麼把它放下來，怎麼放都對喔！眞好，對～開始動了起來……很好，深呼吸～對～在放下的時候，記得深呼吸～吸氣～吐氣……很好……然後，把它有點像是捧著慢慢的放到旁邊，對～

你知道嗎，只是放下而已，它，還在喔～因爲需要揹起來的時候它可以再揹起來，它可以是自由跟選擇。可以在每一回放下的那一個刹那，忽然就自由，也可以在每一回揹起的那一個刹那，忽然就擁有。

〈小翅膀的故事〉短版 四分鐘

小翅膀啊，爲什麼叫做小翅膀呢？可能是因爲小小的，柔柔的又小小的，好像還沒找到很確定的力量。小翅膀喜歡用爪子牢牢的抓住大翅膀的背脊，乘著大翅膀快樂的飛翔，乘著大翅膀可以衝向天際也可以俯衝到水邊，小翅膀覺得有大翅膀好好喔！可是啊，有些時候，會有可是……可是啊，小翅膀心裡想著想要飛去小溪旁，但是大翅膀正高高的在天空，一邊隨著風自由的飛，一邊正在與強勁的氣流暢快的搏鬥，不能帶小翅膀去小溪旁……

小翅膀心裡想……「哎呀，我的翅膀這麼小，拍起來力量那麼小，該怎麼辦啦？」

對自己的翅膀拍打沒有信心的小翅膀，哎呀，一下子不知道怎麼辦，看著那小小的翅膀，拍一拍，力量在哪裡啊……又心疼又難受……這個夜裡，小翅膀好像不知道從哪裡，遠遠的又近近的聽到一個溫暖的聲音說：「小翅膀啊～小翅膀，翅膀好像不是看大小來分的喔。翅膀啊，有好多種，有……透明的精靈翅膀，有靠輪軸轉動的機器翅膀，有色彩繽紛的彩虹翅膀，還有還有，還有一種是靠感受月光來接收力量的翅膀，彎彎的月亮帶來轉彎的力量，圓圓的滿月帶來了帶著醇厚的香氣，那是吸收起來超級飽滿的～聽說，還有一種會變化的翅膀，會變大還會變小，需要變大的時候，咻！就變大了；需要變小的時候，咻～就變小了。而且啊，還會變可愛，還可以變害羞又迷人，啊，對了，還可以變……」

喔……原來有這麼多種不同的翅膀啊！月光下，深呼吸一口氣，小翅膀決定啊，把挫折和煩憂啊，留在樹梢上；暖暖柔柔的月光下，深呼吸一口氣，夜裡，好靜好靜的夜裡，小翅膀有認真的眼睛，帶著心跳，看著自己其實好不容易才長出來的小翅膀，那是從前本來沒有的，是自己一直好想要的，是好幾個季節才擁有的好珍貴的自己的小翅膀……

02 今天想讓我們一起有快樂的電流通過，想要你唸這個給我聽……

〈愛的守護者〉七分鐘

聽說，靠近自己的內在，其實是一個什麼時候開始都不嫌晚的一段旅程。邀請你摸摸自己的頭從頭頂下來摸摸靠近耳朵那裡揉揉頭皮跟自己的大腦說：「謝謝你，謝謝你願意支持我來到這裡。」然後跟平常很盡責的大腦說：「你平常那麼辛苦、那麼努力，等一下可以休息一下。」你的手啊，慢慢的滑過耳朵滑到脖子旁邊來到心口然後往下走到肚臍，很好。把手放在大腿也可以放在心口或者是肚臍，都好。

每一個呼吸，都帶著自己往心底的資源那裡走去……邀請你在心裡想到一個愛的守護者，可能是愛你的人可能是疼你的可能是保護你的人也可能是守護著你的自己，也可能是在生命中真的看見你美麗模樣的人。愛的守護者啊，在哪裡呢？會在生命中的哪一個片段或歲月呢……你可能一下子找不到或不確定，也說不定，可能……忽然感覺到一個臉龐或

隱約一個身影，哦～會不會是這個呢～

也有可能，心中「咚～」想到了一個或兩個愛的守護者，用你需要的時間去感覺去靠近去撫摸，歪著頭聽聽看深呼吸找呀找，對～很好～這個時刻來到，心中「咚～」想到了愛的守護者，邀請你輕輕的把右手的食指直直指向天花板，然後啊很自然的，右手自然的往上飄，對～往上飄浮起來好像在上面碰到心中的他一樣！然後一個深呼吸來到，感覺到手指碰到他的時候好像連上了愛好像碰觸到了溫暖的光，這時候手自動的柔柔的安心的往下降，降到你的心口。

「歡迎愛的守護者來到～謝謝（深呼吸～），謝謝你的來到（深呼吸～）。」然後啊，把右手按按左邊的心口，非常好，用你需要的時間，非常好，謝謝守護者的來到。說：「謝謝」；說：「歡迎」；說：「我好想念你喔～」

在心裡頭想到那一個曾經互動的畫面，可能在過去可能在現在也說不定還會在未來，感覺到他就在你身邊，好像聽見講話的聲音表情和溫度，好像聽見他聲音裡面的開朗或溫柔，說不定還有一絲暖意……是的，他守護著你，是的，你沒有忘記這一份守護。這一份愛如果有一個顏色，那是什麼顏色呢？如果有一個比喻，像是動物、植物，大自然的現象，這份愛是什麼？有些愛像晶瑩剔透的水，有些愛像冬天的陽光，有的愛像是一棵大大

的神木，有些像是一個山丘沒有很高但是好安穩喔～

眞好啊～眞好啊～可以遇見你眞好，可以此時此刻依然在心中遇見飽滿的你的愛……只要你學會這個小小的方法，找一個溫暖的角落放一段喜歡的輕音樂可能跟自己說說話摸摸自己的心口或者聽聽哈克的引導冥想，都可以陪伴你這樣走到溫暖柔軟的所在……

〈小山豬嘟嘟和小刺蝟噗噗〉四分鐘

森林裡，有一隻很質樸很單純的小山豬名字叫做「嘟嘟」，深土黃色的條紋配上淺黃色的身體，單純到哎呀，其實也就只有一種顏色，土土的土黃色。小山豬喜歡親近那些森林裡的植物啊小動物啊～像是飛翔的蒲公英啊，像是五月的傍晚落在地上的苦楝花，當然，小草和苦楝花還有五月的傍晚都知道，小山豬特別特別喜歡親近的是大草原小溪旁，那一隻很喜歡吃西瓜的小刺蝟噗噗。

小刺蝟噗噗，**很～趣味**，小山豬嘟嘟，有時候挺笨拙但是**很質～樸很單～純**。小山豬嘟嘟住在森林小瀑布旁的草叢邊邊，特別喜歡曬太陽，小刺蝟噗噗住在大草原靠近小溪那裡，噗噗啊，特～別喜歡吃西瓜。

草原裡其他的小刺蝟都習慣吃地瓜和馬鈴薯但是對吃西瓜沒有興趣，他們吃地瓜的時候都會發出嘖嘖嘖嘖的聲音，而噗噗呢，噗噗吃西瓜的時候**竟然是無聲無息的**。有些時候噗噗會不由自主的好像也要去跟大家一起吃地瓜好像比較好，可是不知道爲什麼，每次無聲無息的吃西瓜的時候，總覺得全世界都正在華麗絢爛的音樂裡跳起舞來。

這天早晨，小山豬嘟嘟正好很想念小刺蝟噗噗，嘟嘟用牠很短很短眞的很短實在很短的腿，走了好遠的山路來找噗噗，哈哈，怎麼這麼剛好，看到小刺蝟噗噗正在專心的用牠可愛無敵的前腳趾頭，很可愛又好認眞的數著西瓜很好吃的原因：一，嗯……西瓜眞的好漂亮啊～二，你知道嗎！西瓜在下午三點左右的時候咬下第一口，超級好吃！三，嗯……眞好吃～

一旁的小山豬嘟嘟笑著好眞心的說：「哎唷！噗噗，你怎麼**這～麼～**可愛啦～～～」那喜歡的聲音迴盪在森林裡，那陽光正好灑落在小山豬嘟嘟和小刺蝟噗噗的身上，原來，有一份喜歡，就有了守候，有了守候，就擁有了整個宇宙。

〈心地柔軟的小小機器人〉短版 三分鐘

不知道爲什麼，好像是天光越亮的時候小小機器人的眼睛眞的就感覺特別特別的清楚明白，今天啊，只知道啊，小小機器人的左手那裡，機器手臂那個轉軸，似乎需要或者好像最好來加點咕溜滑順的潤滑油了！嗯，既然決定了，既然身體心裡都點點頭說要演出小小機器人這個動作敏捷思維也敏捷的角色，那，嗯～～～這個左手機器手臂的轉軸，眞的很重要呢！

嘎嘎嘎嘎～嗚～眞的很緊很卡，那，先不急著大力轉它，等一下好了，看看哪個角度最好滴幾滴潤滑油。嗯，哦～好，來試試看吧，嘎嘎～ㄚ～幾滴潤滑油～溜～溜～～～進去了～嘎嘎吱吱無無～咻咻～咻咻～呼～～～忽然瞬間全都滑順了！！嗯，來動來動去看看喔！來，左上～好，來，右邊～嗯，這個一定要確定，嗯，折疊，欸～太好了啊，小小機器人順暢的正式啓動上場奔馳運送支援服務了！

好像很少人知道……小小機器人，其實是會變身的。當天光變化的時刻，當空氣質量指數上升下降的時候，當飲水機的水溫調整的時間，當風剛剛好涼的時候，都可以是小小機器人變身的理由。比較好玩的是，變身成爲什麼～好呀?!

嗯……「透光的小彈珠超人！」ㄟ～「冒著熱氣甜甜滋味的燒仙草。」哦～「迷迷糊糊但可愛到不要不要的黃色小鴨鴨。」那～「心地善良又柔軟的小仙子」也許是～「剛剛炸好剛剛撒上糖粉的胖胖甜甜圈」……一、二、三、變～～～

〈打開疆界的微笑〉三分鐘

找一個舒服的姿勢，可以坐著可以躺著也可以依偎著……做三個深呼吸，感覺到自己的大腦鬆開來，身體柔軟起來，或者身體鬆開來，頭腦柔軟下來。開始感覺到你的眼睛的眼角，那裡有一條很小的肌肉，它正在微笑起來，還有啊，眼窩、瞳孔……感覺它們的顏色正在微笑，微笑啊，是天地間一件好神祕又好豐盛的發生，像山林裡的一陣微風像溪水裡的清澈的溫度像遼闊的天空翱翔的鷹，也可能是夜裡剛升上來的彎彎的微笑月亮。

你知道嗎，嘴巴是會微笑的，特別是嘴巴的裡～面～可以微笑起來，開始感覺到你的舌頭在嘴巴裡面微笑了起來，舌頭可以微笑ㄟ！你知道嗎，舌頭如果微笑起來，嘴角啊，常常就會跟著微笑起來，它好像是一種自動自發，可以發生的美好。你知道嗎，說不定你也可以感覺到舌頭的根部那裡也微笑起來了，那可能是更心裡頭的微笑吧！

然後啊，你也說不定感覺到眼睛上面的眉毛，左邊的眉毛右邊的眉毛……對～都微笑起來了，眼睛裡面，嘴巴裡面，眉毛，眼角，嘴唇，舌頭……都一起微笑起來了，哎呀～眞好看！

下一次，或者現在，當你需要溫暖想要微笑的時候，可以用你的手輕輕的柔軟的捧著臉頰，溫柔的……說不定感覺到一個微笑從嘴角的弧線那裡上來，鬆鬆的吸氣、更鬆開的呼氣～～～，對，非常好，讓微笑走進你的嘴角，你的心，你的呼吸裡……對……完完整整的擁有一個微笑，好好看哦！

03 今天我心裡慌慌的，想要你唸這個給我聽……

〈大樹深根〉短版 四分鐘

不知道你知不知道，一棵樹的樹根，往土地深處延伸，向安靜的地心扎根，然後啊，一棵樹的葉子呢～葉子在清晨展開細細的腰和手臂迎向陽光，快樂的和太陽說早安，然後深呼吸一口氣，把陽光和空氣一起吸收進來，養分啊，就這樣一個早上一個黃昏一個夜晚一個月亮的正在生長呢！

來說說一個「大樹深根」的故事，把根扎深，力量正在生長，一棵大大的樹，有好深好深的根，扎進土裡……邀請你做一個深呼吸感覺到正在生長的平靜和穩定的力量像大大的樹……不知道啊，生命的這一個季節，你想要扎根什麼？你想要鍛鍊自己的什麼？很像是一種力量，很像是一種決心，很像是一種願意，很像是一種「眞的想要」。

邀請你的手動起來，摸摸樹幹摸摸樹上的葉子，好像認出了它好像看見它好像歡迎她喜歡他，好像~正在觸摸它。喔~是這個葉子喔，你長這樣喔，摸摸葉脈，喔~你是我喜歡的自己的一部分乀~太好了，一旦你收集了新的故事，它會因爲你遇到的美好而更~美麗，更~翠綠，更~精采，更~像自己，太好了！

眞好，來沿著樹枝樹幹我們往下走，感覺到樹和土地接觸的那裡，對~好像腳跟腳掌腳趾頭那裡往地心走似的，樹根啊，在吸氣吐氣之中，感覺到深深深深的扎穩了深深的根，往土地的深處往力量的根源走去。

感覺到一份正在生長的平靜和穩定，像一棵大大的樹一樣，平靜，穩定，自然，力量，生長著，樹根朝向土地，那樹葉啊，迎向天空，在四季的風裡，雨裡，陽光裡，那正在生長著的喜歡和微笑，像樹葉一樣呼吸著，把空氣和陽光變成了氧氣，於是啊，也有了養分，所以正好可以更~深深的扎根，更穩，更有力量。最後，把手啊，放在肚臍的位置或心口的位置，聽見自己跟自己說：「來，我們今天，一起帶著微笑，生長又扎根。」

〈每一個情緒都可以擁有時間〉短版 兩分鐘

時間，像是一陣風，吹過時無痕，卻又輕輕撫弄心弦。如果，每一個情緒，都可以擁有時間，會不會爭吵忽然少了；如果每一個情緒，都可以擁有時間，會不會，夢，不用那麼激烈。

如果，憂愁，擁有了傍晚，那夕陽的美，說不定有一份秋天的味道；如果，羨慕，擁有了時間，那夢想，會不會有了瞄準和發射的箭頭；如果，脆弱，擁有了清早的時光，會不會，剛強知道今天不用太早起；如果，調皮的快樂，擁有了早上十點鐘或是晚上九點半，哈哈……那……如果，每一個情緒，都可以擁有時間，親愛的你，今天，你想和哪一個，說嗨~~

〈拉弓射箭的故事〉短版 兩分鐘

在一個好靜好靜的夜裡，很像是……拿起一把木製的箭，拉拉彎弓，咻～啾～射出去，然後，咚！射到靶紙上。因爲專心的瞄準著，拉著彎彎的弓，聽見自己的聲音傳出去，心裡想要問對方的問題，像是一支箭一樣咻～啾～射出去，咚！停在對方的靶紙上。然後，再來一次，把箭拿起來，拉弓，射～咚！這麼一來常常就沒時間忙著擔心焦慮別人怎麼看我們了啦！

會緊張，常常是因爲我們的眼光，容易聚焦在別人怎麼看我們，所以緊張有了長大又長大的肥沃土地。所以啊，關鍵在這裡，如果可以把眼光移動一下移到對方那裡，緊張就會失去長大的土地。移去哪裡呢？望向對方，咚！就停在那裡。

咚！停在對方的身上，不想他會怎麼看我想我，而是，單純的，咚！目光停在對方身上，好奇著他這個人，好奇著他有什麼優點長處？好奇著她哪裡好玩有趣？好奇著他怎麼會那麼享受騎腳踏車、那麼愛爬山。咚！就停在了遇到的人，他的身上那裡了。

〈暖暖的火 滋潤小點心〉五分鐘

滋潤小點心，是生活裡可以給親近的人的聲音小禮物，可以是一個可愛的笑話可以是一則溫馨的故事也可以是你聽到一個身旁的生活的對話然後覺得好美。接下來，找一個舒服的位置，可以暫時將眼鏡摘下，我們舒服又放鬆的聽一個可愛的故事。今天準備的滋潤小點心是很喜歡的一段筆記，這一段家族治療大師薩提爾傳遞給我的智慧筆記是這樣的：

「那個冬天，他身上蓋著厚厚的溫暖的棉被，請求你不要粗暴的把他好不容易蓋好拿來保溫的棉被掀開吧，不要逼他出來面對冷冽的寒風……即使那床棉被看起來已經破舊線頭也已經露在外頭……不知道可不可以深呼吸一口氣，放掉掀開棉被的念頭，然後在屋子的角落裡生起一個爐火，慢慢的加上木炭或厚實的木頭。慢慢的火溫暖的氣體，蔓延到整個屋子，泡一壺熱茶煮一杯熱咖啡，說說話，讓那怕冷的身子從裡到外從外到裡面都溫暖起來……」

邀請你啊在閉著眼睛的同時，也一起在房間的角落生起這一盆暖暖的爐火，你的手啊會開始動起來，爐火長什麼樣子，找一個舒服的角落，生起一盆爐火，你加的是什麼木柴啊，你放的是什麼燃料啊，感覺自己的手開始拿，把木頭或燃料或木炭放進去，非常好，

點火，ㄘ～～

然後啊，用手在火的旁邊感覺一下溫度，夠不夠暖呢～還要不要，來多添加一點柴火呢？你可以決定喔，因爲這是你的火爐呀。有些時候可能剛剛好熱，有些時候啊，可能不夠熱，它搞不好有一個通風口，可以調整，讓這個爐子可以火稍微盛大一點，嗯，當然，也可以火小一點，對～非常好，能夠調節啊，是好幸福的事呢！

還有啊～天冷的時候特別喜歡讓腳丫子暖起來！所以，可以把腳移動到爐子旁邊，喔～～對對對很好，一起烤火。然後身體會記得這個姿勢喔，下一回需要溫暖的時候，來到心裡，爲自己生起一爐火。勇敢啊，有時候來得很慢；勇敢啊，有時候好～需要等待。

每一個願意改變的孩子，都是勇敢的人。每一個勇敢的人，都盼望屋子的角落裡，有生起的爐火，有鼓勵的眼神，有一顆眞的懂窗外凜冽的北風到底有多冷的心。畢竟，我們也都怕冷過，不是嗎？準備好的時候，做三個深呼吸回到這裡，數到5，數到5的時候你會很舒服的睜開眼睛，1，2，動動腳指頭，很好，來，3，4，5，睜開眼睛，很好，歡迎回來。

04

今天我想聽聽心裡的聲音，想請你唸這個給我聽……

〈看著大樹的小灰兔〉兩分鐘

大大的高高低低的草原裡，有一隻小灰兔。可愛又好奇的小灰兔有明亮的雙眼，還有很可愛超可愛的耳朵！小灰兔啊，特別喜歡輕輕的慢慢的抬起頭來，望向草原中的一棵向天空長去好像快要靠近太陽的杉樹。

有時候啊，好安靜好安靜的夜裡，小灰兔會好像，不知道是聽見自己的心裡的聲音，還是聽見了從高高的樹梢很靠近月亮那裡傳下來的聲音呢。哎呀，管他的，反正很好聽就對了。

於是啊，不知道從什麼時候開始，小兔子就會在月亮彎彎的，很像小兔子自己笑起來彎彎的眼睛的時候，跑到大樹下，打開圓圓亮亮的眼睛還有好可愛的耳朵，好安靜好安靜的聽～嗯，今天，聽見了的是……

眞好，眞好，眞好。

〈種子守護者〉短版 四分鐘

生命啊，要~找回什麼，或者要迎接什麼！於是，接下來的這一天接下來的這一年，我有機會更活成自己喜愛的模樣呢~想要邀請你，把一隻手放在心口，一隻手放在肚臍……碰觸自己啊，可以是一件好~簡單的事。

有些種子，它已經存在很久很久了，有些種子卻，好像忽然才剛剛被發現了……不知道你的生命，想要守護的種子，它，座落在哪裡，或者藏身在何處呢？可能有一個塵封的櫃子，也說不定有一個溫暖的角落，它可能藏在厚厚的被子底下，它可能一直在最常穿的外套左邊口袋最底下那裡沒有任何一次的洗衣機可以把它洗掉，直到有一天，是你，把它輕輕柔柔暖暖的拿起來……

什麼，是想要守護的種子啊?!種子啊，可以被尋找，種子啊，也可以雙手打開就帶著微笑來迎接，很像雪花片片一樣從空中落下，像一棵古老的樹，它有一片泛黃的葉子從空中輕輕的飄下……如果想要去尋找，如果此刻想要來迎接，用你的右手往前伸、往下走，去尋找，然後啊，把左手往上，手掌向上，來迎接。

不知道落下的碰觸到的來到的尋找到的是什麼種子啊？讓自己的嘴巴眞的開口，跟自己說：「歡迎～親愛的種子，歡迎你的來到」。端詳它，它是什麼顏色啊？它多大呢？種子長什麼樣？有沒有一個名字？

有的種子，叫做……可愛，有的叫做……小小的但很強大，有的叫做自由又努力的種子。如果啊，種子會說話，種子會跟你說什麼？或者，讓它知道你好樂意迎接它。如果你覺得這個時候很好，可以把種子放在心口，或者放在身體的某一個位置，知道那個地方它在那裡，於是啊，下一次想要呼喚它，輕輕碰碰這裡。於是，一天一天，成為生命中，自己的種子守護者。

〈小水桶的故事〉兩分鐘

不知道，如果，在你的心裡，可以有一個小水桶，裡面不知道為什麼那麼幸運，正好裝著你最需要的或最想要的或最驚喜的……來，先看看這個小水桶的外觀呦，這個小水桶，是什麼材質的呢～長什麼樣啊～

白鐵、木頭、塑膠、白色、綠色、紅色、灰白色、大大的、小小的、圓圓的、方方的、輕輕的、有重量的、沉沉的、有把手、邊緣可愛可愛的、有圖案、很文青的、有設計感的提著……

說不定，你的眼珠子轉呀轉，好像看到了，對，很好，用你的手比比看，小水桶的形狀是，喔～這樣的形狀喔！有沒有哪個細節，用手指頭的前端軟軟的那裡碰碰看，對～這樣啊……眞好，眞好，這樣靠近自己。

〈母雞小蘆花的故事〉三分鐘

來說一個〈母雞小蘆花的故事〉，冬天的下午時分，去東海岸的碾米廠買了兩包十公斤的剛剛碾好米之後落下的米糠。因爲……寒流這個早上從北邊出發往臺東移動，到了今天晚上，雞舍即將很冷很冷啊……所以，即將要來在雞舍裡的厚厚的墊料上頭，像雪花似的，撒下五公斤的香香的輕輕的年輕的米糠！

神奇的事情來了～寒流的時候母雞們如何能夠有機會享受高檔的**快樂加溫秀**呢！當如雪花片片般的米糠從空中飄落，雞舍裡的墊料中有益微生物在發酵過程即將在接下來的二十四個小時把溫度很神奇的從十幾度C沿路上升到四十九度C！

「超舒服的啦～～」母雞小蘆花咕咕咕的說。搖晃那可愛的小尾巴，母雞小蘆花拉長脖子看著我咕咕咕的叫持續熱切的叫，於是我趕緊充當即席翻譯一下，牠說的是：**「哇～～～好幸福喔，被這麼溫暖的悉心照顧著！」**我聽懂了！收到了心底。

眞的收完整了，才對著眼前炙熱眼神的小蘆花回答：「咕咕～咕～咕咕～～～」，翻譯過去給母雞小蘆花的情意是：「妳知道嗎!?妳們每天生下的溫熱新鮮的蛋，讓我剛剛一大早煮給女兒喝的牛肉清湯裡，有了香噴噴的蛋花～超好吃的啦！」於是啊……愛意，就在低溫的世界裡，加熱又加熱～～原來，愛，可以加溫哦～原來，愛意，可以翻譯厚～原來，低溫來的時候，可以相依偎一起度過～

05 今天我想要感覺柔軟、力量，想要你唸這個給我聽……

〈碳化稻殼的故事〉短版 五分鐘

來說一個「碳化稻殼」的小故事，東海岸的土偏黏土，有硬度而且密度高，因爲黏土密度特別高，所以種植孩子喜歡的四季豆、粉豆、茼蒿啊橙蜜小蕃茄啊，都需要讓空氣在土壤裡頭有存在的空間。所以啊，在立冬前後，開始「碳化稻殼」的製作。

第一天，在空地中央附近找了一小塊土地，先往下挖掘一個空氣的專屬通道，在上頭，把颱風之後落下的樟樹枝幹架起來……拿紙當燃燒的火種，讓火燃起在剛剛來到的東北季風裡。炭火在二十度涼涼的空氣裡燒起來，完完全全燃燒兩小時之後剩下很美很美的紅寶石般的發著亮光的炭火！

然後一口氣倒下壓滿一整袋的稻殼。然後等待，兩個月亮加上兩個太陽之後，立冬的這一批碳化稻殼，很漂亮的又立體的碳化黑色稻殼在四十八小時之後來到，像是帶著甜甜的蔗糖香味在風裡美極了。

碳化稻殼，低氧，是關鍵。剛剛好而不過多的氧氣，是要用心照顧維持的。因爲如果是快速的瞬間的大火的全氧燃燒，就會一下子全部都變成了灰，這時候，擁有的是養分很不錯的炭灰，但是沒有可以呼吸的立體空間。特別喜歡這個燃燒過程裡的「慢慢」，微微的炭火在底下逐漸散發和傳遞熱能，很慢的很慢的在碳化的時間裡，維持了米粒移走後的三度空間！！！

不知道……什麼，是屬於你生命這個季節的「碳化稻殼」?!有碳的養分，也有立體的稻殼形狀，因而讓土壤可以呼吸，可以又營養又給出了呼吸的空間。剛剛好的養分，搭配上比平常充裕的時間感，然後，竟然還有可以舒暢吐氣的空間～然後啊，說不定啊，不知道會不會心裡，在這個時刻心中跳出了誰、想到了誰，讓此刻的你，寬寬的款款的眞心的盼望，想要能夠這樣給出一份美妙的愛，像是碳化稻殼似的……心中跳出了誰想到了誰，讓此刻的你眞心的像是祈禱似的，盼望給出一份美妙的愛，像是碳化稻殼似的……可以舒坦的呼吸，剛剛好的養分，還有充裕的時間感，很舒服的空間……

〈付出愛〉五分鐘

閉上眼睛，身體坐正，背稍微一點點感覺有力量就好，不用太多出力的感覺，讓頭頂像是往天空延伸，稍微往上面走一點點，動一動肩膀，來，在心裡面找到一個付出愛的時刻。不知道你知不知道，我猜你其實知道，當我們愛上一個人愛著一個人，那個剎那我們就變得更美。付出愛啊，是回家的路，付出愛啊，是帶自己回心裡的家的路啊～

在心裡面看見那個付出愛的時刻，你想付出愛給誰呢?!他在哪裡，在你的正前方嗎？還是左上方還是東北角，還是西南方，把手比出來方向好像正在看著他一樣……可以是一個人可以是動物可以是植物也可以是一個任何的東西，是你愛的，你付出的愛，流～動～

過去那裡……

愛，很特別，愛常常跟想念在一起愛常常和思念在一起，如果眼淚滑下來啊，就輕輕的摸摸自己的眼淚，柔軟的說：「嘿，你來啦！」不知道什麼讓你這麼愛，不知道是什麼好不知道是什麼美，進到你的心裡所以可以呼喚出你這麼充沛的愛去愛他，把手放在心口，然後跟自己說：「我眞的這樣愛耶～」。

如果你給的愛，你付出去的愛，它有顏色，那是什麼樣的愛啊，如果它像一道光，它是什麼樣的光啊，那是你好美好美的一種顏色，好美好美的一束光吧……想像那一束光或是那個顏色那個色彩往前直送，送到了那個你付出愛的那個人身上，手動起來眞的往前送，對～很好～然後啊～他收到了～

看到他的表情～他回送你一個眼光，回送你一份愛，眞好！收進來喔～～他可能深呼吸一口氣，跟你說：「我好想祝福你平平安安，我好想祝福你健健康康，祝福你有平靜勇敢的心，祝福你乘風破浪，我好想有一天也像你一樣能付出這樣的愛～」這道光啊往前送，感覺到愛的光往前送，然後轉一個迴圈回到自己身上，對～有時候這個愛的光會繞地球一周喔，也可以射到樹上彈回來也可以繞地球一圈，因爲光很快瞬間就回來了回到自己身上。

眞好，好像正在感覺到一份愛在迴盪，想像自己在愛的光裡，唱著歌跳著舞似的，看見自己感覺到自己在愛的色彩裡唱歌，愛的聲響在天地的空間裡時間裡共振著陪伴著……眞好～眞好～不知道你知不知道，我猜，你其實知道，當我們愛上一個人當我們愛著一個人，那個刹那我們變得更美了。付出愛啊，是回家的路，付出愛，是帶自己回心裡的家的路。

〈眼淚和微笑〉短版 四分鐘

最美不過的時光有兩個，一個是「微笑」到來的時候，一個是「眼淚」到來的時候。不知道你在心裡頭會不會想起上一次微笑來的時候，那是什麼時候呢？有一個帶著好像從心底浮上來的開心，那裡有什麼呢？發生了什麼美好的事情啊，是因爲你做了什麼？還是因爲誰眞心對你好呢？或者身邊的誰忽然懂了你……

微笑到來的時候，你好像就拜訪了自己一回！輕輕的敲敲自己的心口問自己：「這個微笑，正在跟我說什麼啊？」我們有些時候可以從微笑裡聽見自己的心跳，就好像我們有些時候可以從眼淚裡，聽見了自己眞的有感覺的未來。除了微笑之外，還有一個好神奇的東西叫做「眼淚」，特別是有一種好珍貴的眼淚，是觸動的眼淚感動的眼淚。你知道嗎，眼淚在一些古老的原始部落裡，被賦予一個名字叫做「全世界最柔軟的力量」，或者，眼淚的名字叫做「全世界最有力量的柔軟」。不知道你的眼淚在什麼時候曾經來到……那是你可以把它用一個很漂亮的玻璃瓶裝好，記在心底的涓涓細流，其實，每一回當我們眼淚落下，和眼前的美麗事物共振的時候，我們的心裡，已經種下了一樣美麗的種子。你眼中看見別人的美麗，就在你看見的那個刹那，就已經在你的心底生長著。

如果啊，眼淚眞的是帶著力量的柔軟，要不要在自己的微笑和眼淚那裡看見……於是即使黑暗再度降臨，你知道可以仰望哪裡你知道可以把手放在自己的心頭，鼓勵自己給自己力量。勇敢的向前走，孩子你不要怕，花兒會一路盛開，要記得天堂不是一個地方，是活過的時刻，記得，你可以收集故事，也可以創造故事，於是擁有了故事，於是可以過冬。同時，幸運的時候，你還可以擁有春天，於是有可能可以像太陽一樣溫暖像月光那樣專注像土地一樣承接像風那樣自由。

生活裡聲音的陪伴練習

上面這十八份哈克珍藏多年的手稿，**只要記得唸的時候慢慢的，唸到有感覺的時候記得深呼吸，就會很好聽**。剛開始會沒有很確定那裡需要停頓？那裡可以安心的吐一口氣？這很正常，多唸幾次就能夠掌握引導冥想的美感傳遞。

如果，想要唸給自己聽，那很棒呢！光是細細的用眼睛品嚐手稿，也很好哦～或者，如果搭配喜歡的鋼琴或吉他輕音樂，用自己的聲音錄音下來給自己在需要的時候聽，也是為自己注入能量的好方法。

如果想要體會哈克的聲音，在哈克的第二本書《讓愛成為一種能力》、第三本書《陪一顆心長大》和第四本書《你的夢你的力量》裡頭，都有聲音檔可以搭配著享受學習這些聲音情感的細節。或者，哈克的兩個線上課程，《與人連結的三個祕密》和《讓夢想著地》，裡頭都有不限學習次數的聲音檔案，可以在生活裡一邊享受一邊聆聽一邊學會這些陪伴的精髓。

這本書來到了最後一個章節，哈克想和讀者們說幾句話：

「親愛的讀者，謝謝你喜歡我的書、我的文字或故事。十多年來很幸運的我一共寫了十本書、十幾套卡片媒材、兩個線上聲音課程，在我心中，你手上的這本書很可能是我這輩子最專注耕耘細細縫製的作品了。

潛意識陪伴工作，很美麗，也需要不少時間力氣慢慢體會感受，所以啊，文字和錄音檔其實眞的只能表達大概七八成的祕訣。剩下的兩三成可能眞的值得到現場的工作坊去立體而飽滿的接收呦！期待有一天，眞的面對面的可以聽見彼此的呼吸聲，可以看見眼角的微笑和淚滴。」

Eurasian Publishing Group
圓神出版事業機構
究竟出版社
Athena Press
www.booklife.com.tw reader@mail.eurasian.com.tw

心理 090

改變心理學：用言語注入能量，用聲音啓動改變

作　　者／黃士鈞（哈克）
發 行 人／簡志忠
出 版 者／究竟出版社股份有限公司
地　　址／臺北市南京東路四段50號6樓之1
電　　話／（02）2579-6600・2579-8800・2570-3939
傳　　真／（02）2579-0338・2577-3220・2570-3636
副 社 長／陳秋月
副總編輯／賴良珠
責任編輯／歐玟秀
校　　對／詹子瑩・賴雅蘋・歐玟秀・林雅萩
美術編輯／金益健・林韋伶
行銷企畫／陳禹伶・朱智琳
印務統籌／劉鳳剛・高榮祥
監　　印／高榮祥
排　　版／陳采淇
經 銷 商／叩應股份有限公司
郵撥帳號／18707239
法律顧問／圓神出版事業機構法律顧問　蕭雄淋律師
印　　刷／祥峰印刷廠
2025年4月　初版

定價400元　ISBN 978-986-137-475-8

光，是陪伴者的一份願意，願意停下原本習慣性的害怕和擔憂，
然後做了一個新的選擇。

——《陪伴心理學》

國家圖書館出版品預行編目資料

改變心理學：用言語注入能量，用聲音啟動改變／黃士鈞（哈克）著.
-- 初版 . -- 臺北市：究竟出版社股份有限公司，2025.04
336 面；14.8×20.8 公分 . --（心理；90）
ISBN 978-986-137-475-8（平裝）

1.CST: 心理學 2.CST: 潛意識

170　　114001472